もりおか歴史散歩

街歩き探訪編

続・縁の人物編

刊行にあたって

「もりおか歴史散歩　街歩き探訪編・続縁の人物編」は、弊社発行のミニコミ紙「アップル」の一面に二〇一二年四月号から36回にわたって連載された「もりおか歴史散歩～みちくさ編～」（真山重博著）、「もりおか歴史散歩～先人を支えた妻たち～」（藤井茂著）、「もりおか歴史散歩～よもやま話編～」（真山重博著）、「もりおか歴史散歩～縁の教育者たち～」（藤井茂著）をまとめたもので、シリーズ4冊目になります。このシリーズも読者の方々から好評頂き、発刊の運びとなりました。

本書では、両著者別に、掲載日順にまとめて編集させていただきました。盛岡の魅力は「あの角を曲がったちょっとした路地」や「草むらに埋もれた小さな石碑」などにもたくさん見つけることが出来ます。「その地の風土は人が作り、歴史として伝えられていく」、そんな風景を感じ取れるシリーズとして今後も続けていければ幸いです。

株式会社　東北堂　代表取締役社長　川村　清

もりおか歴史散歩　街歩き探訪編
続・縁の人物編　目次

目次

第一部　街歩き探訪編

高松公園界隈

治水目的の上田堤が四季を楽しめる景勝地に

盛岡市は「歩いて楽しむ街」を標榜しております。「もりおか歴史散歩・みちくさ編」は、市民や観光客の皆さんに盛岡市内の散策をより楽しんでいただくため、マップ入りでコースに沿った話題を提供しながらご案内しようというものです。

まずは桜の開花も待ち遠しい春の高松公園界隈を歩いてみましょう。

盛岡市の北部、上田公民館から歩道橋で国道4号線を渡り、そのまま高松郵便局の方に進めば、そこはもう「日本の桜の名所 100選」にも選ばれている高松公園の入り口です。

一周約1・7キロメートルの「高松の池」を左手に見ながら歩く堰堤にはベンチが並び、右手下方に市立図書館が見えてきます。この堰堤は寛文元年（1661）から12年もかけて築堤された上・中・下・小の四堤から成る「上田堤」のうち最も大きい中堤です。北方の山間地から流れ出る沢水をこの中堤で堰き止め、それまで一面の湿原地帯で人馬の通行もままならなかった上田、長町、三戸町などの城下町づくりを可能にしました。幕末期に書かれた地誌「盛

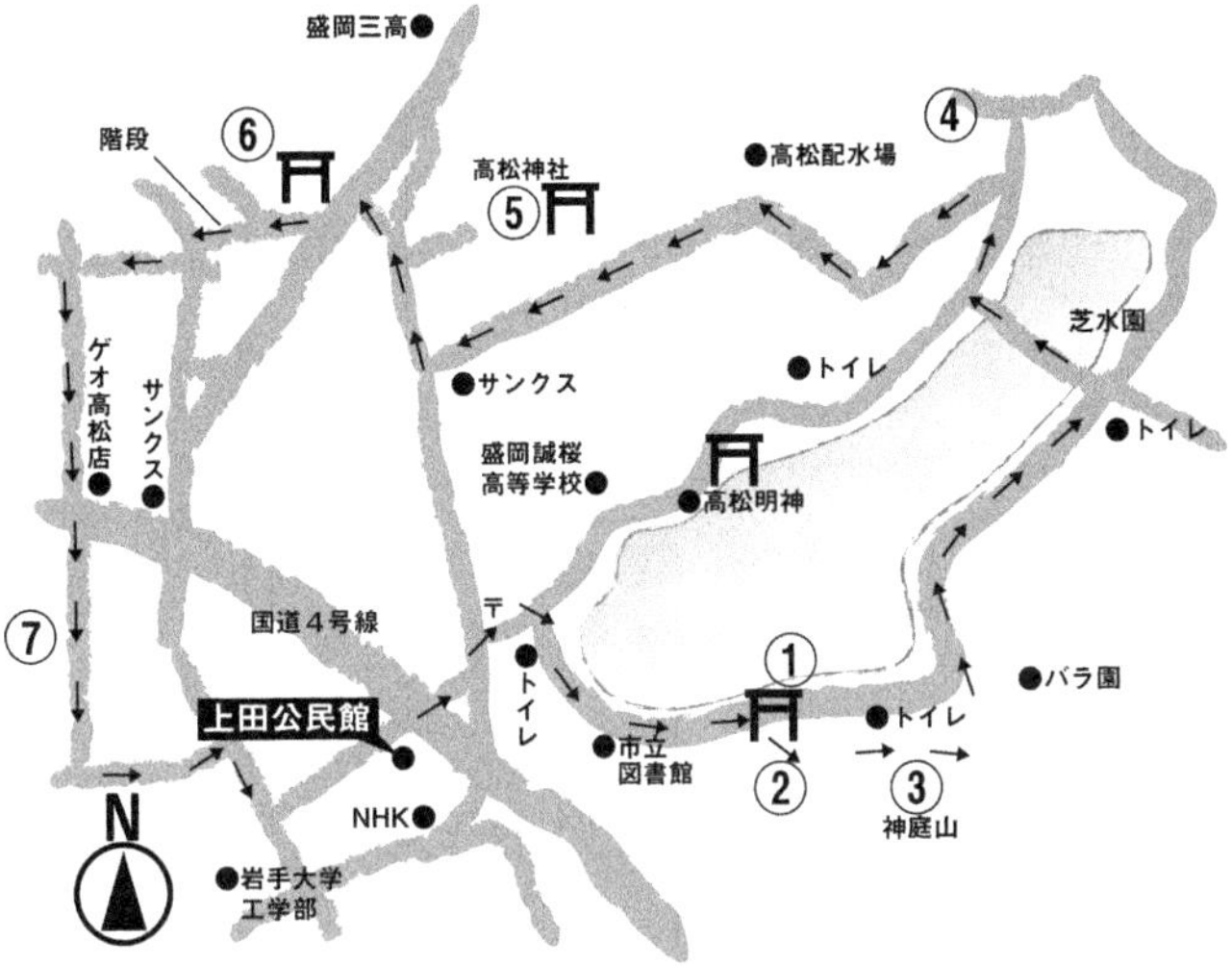

岡砂子」には「中堤広大にして湖水の如し」とあります。現在は、釣堀の「芝水園《しすいえん》」となった上堤と大正時代に「高松の池」と命名された中堤だけが残りました

明治39年（１９０６）、日露戦勝記念として市民の寄付を募り、池の周囲に千本の吉野桜を植樹した話はよく知られています。その苗木を守り育てるために池畔に移り住んだ人がいました。堀内錬介という人です。桜守・堀内一家のおかげで4年後には開花し、大正時代半ばには見事な桜の名所となったのです。当時の北田親氏市長は、そうした人々の功徳《くどく》を顕彰するため池畔に桜地蔵尊①を祀ったり、近くの神庭山《しんていざん》に日露戦争の烈士・横川省三の銅像③を建立（現在は台座のみ）するなど高松公園整備に尽力しました。その北田市長の5期20年にわたる業績

を称《たた》えての胸像「北田裸城翁《らじょうおう》像」②が建てられたのは昭和36年（1961）のことでした。

冬季国体会場にも

昭和40年代まで冬の高松の池はスケートを楽しむ人で賑わったものです。冬季スケート国体も昭和23年（1948）、33年（1958）の2回、この天然リンクで開催されました。当時はしっかり結氷していたのですね。スポーツと言えば盛岡三高ボート部も昭和40年（1965）の部創設当初は高松の池で練習していました。まだ四十四田ダムがなかった頃です。

芝水園の北側に真新しい東屋④があり、太い柱に「このあずまやは旧県立図書館前のヒマラヤシーダーを再利用しています」というプレートが掲示されています。数年前、突然の伐採計画で物議を醸したあの杉の木です。これはこれで歴史の断片。小さな物語として語り継がれるのかもしれません。

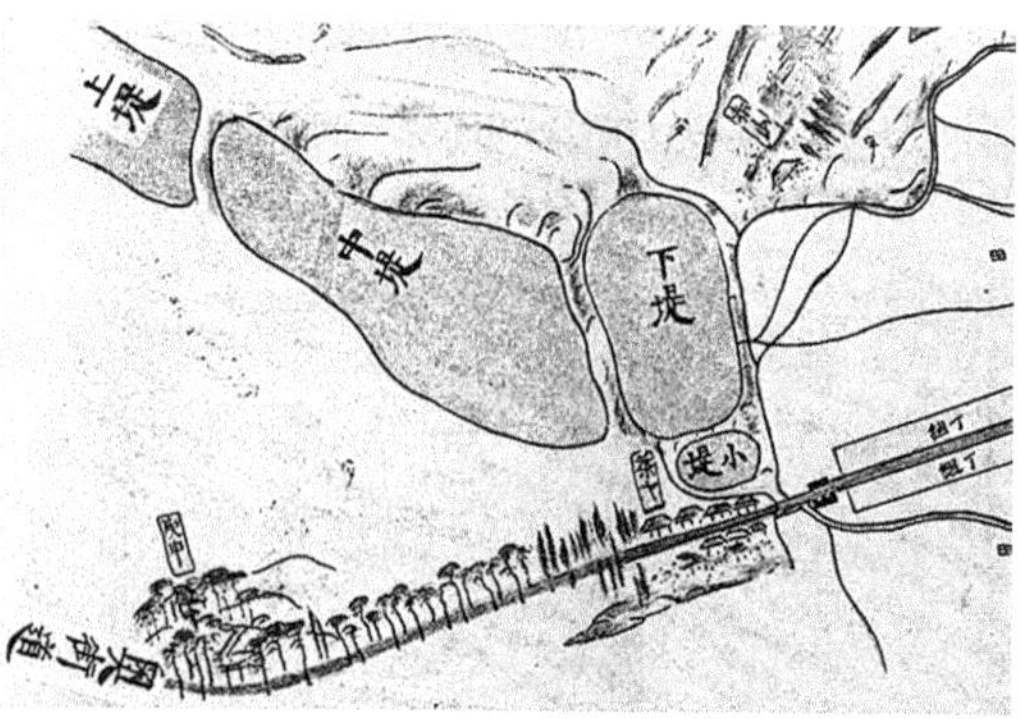

上田堤古図

坂道になっている散策路を登って高松配水場前の道に出ると北西方向に高松神社の森⑤が見

えます。見事な松林に覆われたこの神社は寛永年間（1624～1644）に建立された「庚《こう》申堂《しんどう》」が起源といわれ、長く「お庚申さん」と呼ばれていましたが、明治になって「高松神社」となります。鳥居をくぐって登る石段の途中に「黙示の健児は還らず」と刻まれた岩手師範学校戦没学徒兵の慰霊碑が建っています。師範学校は神社のすぐ近く、現在の盛岡三高の所にありました。

神社を後にして信号を横断すると右手に八幡森の鳥居が見えてきます。古い桜並木に沿って坂道を登ると小さな社殿の手前に二つの大きな石碑が見えます。「馬魂碑」と「黄金《こがね》競馬場碑」⑥です。明治36年（1903）11月、八幡森の下、現在の高松2丁目一帯に1周1600メートルの本格的な競馬場が開設された時の記念碑です。新庄にある競馬場オーロ（黄金）パークの名の由来がここにあったのです。4号線を渡って岩手大学工学部の裏手に進んで行きますと右手に上田児童公園。入口に「放送塔記念碑」⑦が建っています。昭和13年（1938）8月7日「JOQGこちらは盛岡放送局です」と県内に初のラジオ電波が送信

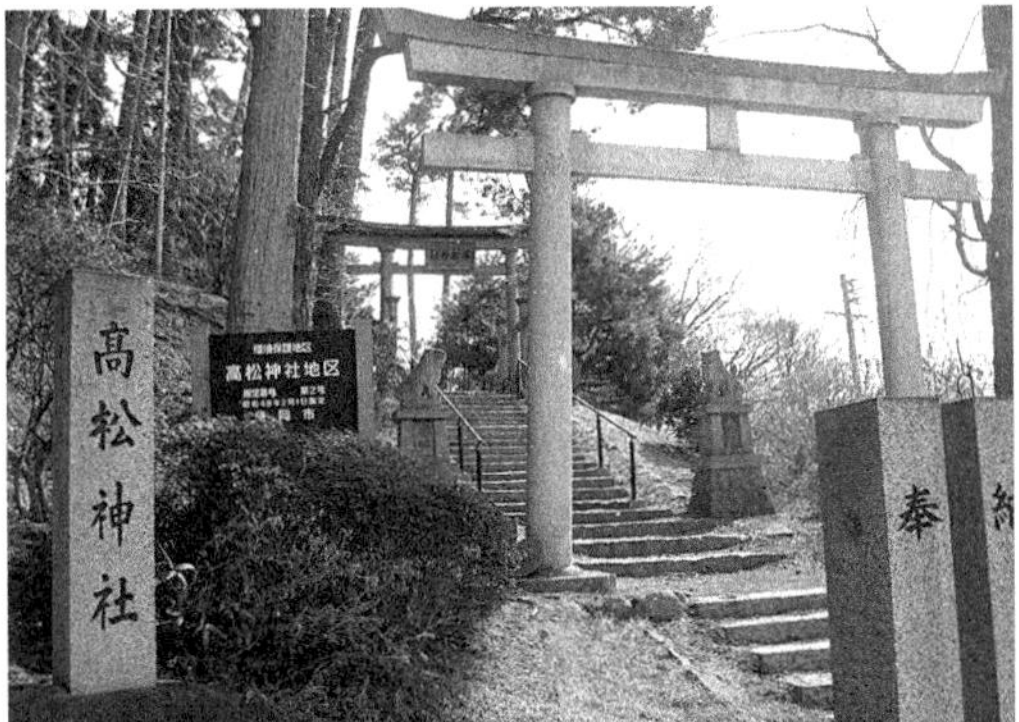

高松神社表参道

された放送塔がこの場所でした。
なんとなく歩いている道端に様々な物語が埋もれているものです。あちこち寄り道しながらの散歩です。これからもどうぞおつきあい下さい。

（2012年4月号）

岩手大学構内

植物園の巨木は殆どが植樹されたもの

盛岡市内には新緑の5月を満喫できる自然がいたるところにありますが、身近な所でお薦めしたいのが岩手大学キャンパスの散策です。

この春入学した1年生が、豊かな緑に包まれた大学に入学したことをあらためて実感する季節です。そして、構内を歩けばこれらの緑の殆どが大学の歴史とともに育まれてきたことがわかるのです。

そこは侍屋敷だった

拡幅工事の進捗でその様相を一変しつつある梨木町から山田線の踏切を渡り、上田に向かう高源寺坂の手前を左に折れてなだらかな坂道を進むと、重厚な門扉が迎えてくれます。岩手大学の前身である盛岡高等農林学校の旧正門①です。この坂道は今でこそ枝垂れ桜の並木ですが、元々は見事なユリノキの並木道でした。台風で何本かが近くの民家に倒れた昭和56年

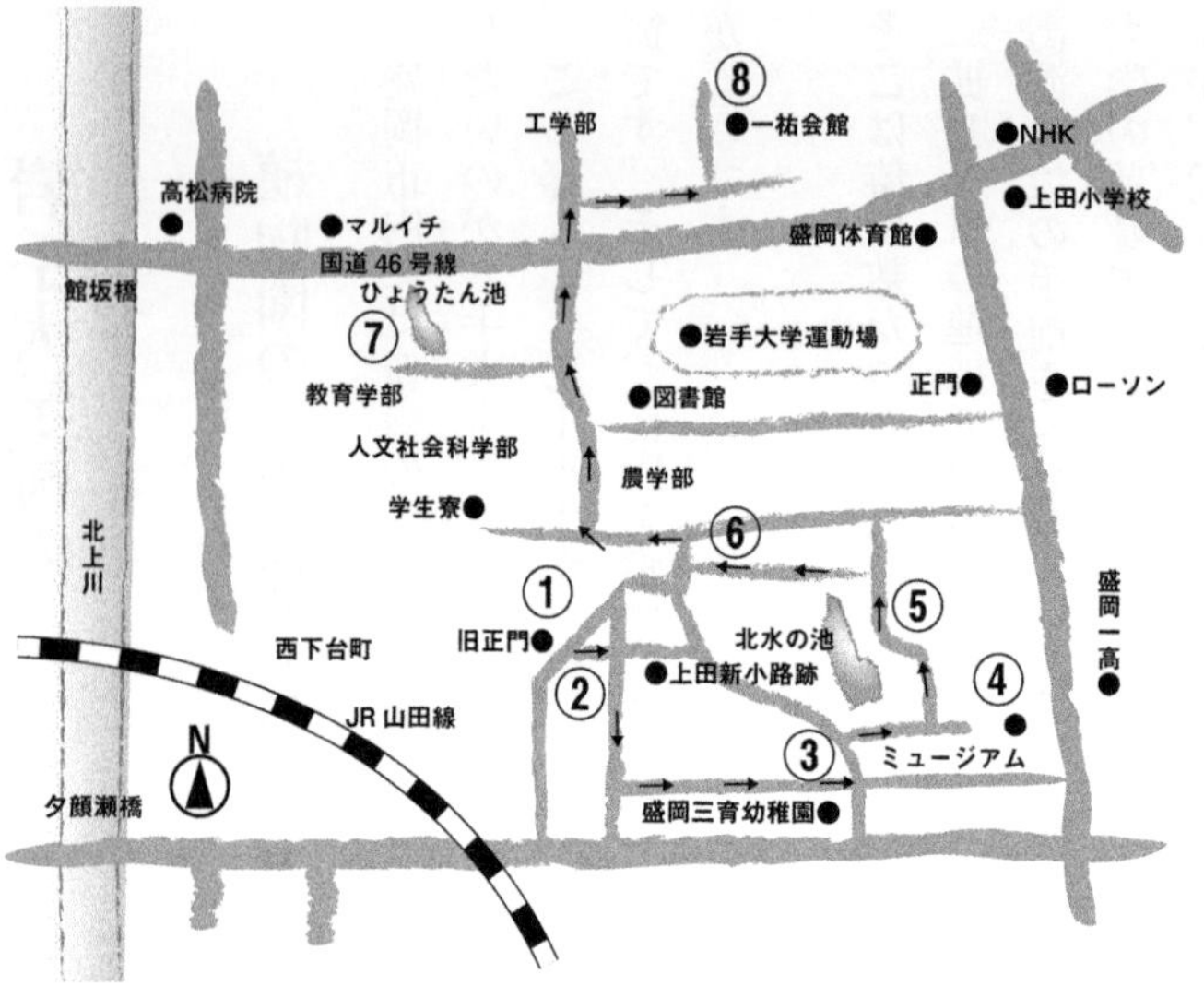

（1981）、危険防止のためすべて伐採されてしまったのです。旧正門を入って右手に1本だけユリノキが残っています。左手には寄せ棟風八角造りの旧門番所があります。この門番所と門は、その先にある盛岡高等農林学校旧本館（現農業教育資料館）⑥と共に国の重要文化財に指定されています。

構内に入ると、そこはもう植物園の森です。このあたりは幕末期には上田新小路といって一区画300坪ほどの侍屋敷が並んでいた所。右手には「目時のヒバ」と呼ばれるサワラの大木が1列に並んでいます。初代盛岡市長となった目時敬之《めときたかゆき》の生家があった場所②です。その隣の現在温室がある場所には、石川啄木の妻、節子の生家である堀合家の屋敷がありました。先年、節子が産湯をつかった井戸が復元されています。

園内は種々の樹林がうっそうとした緑を滴《したた》らせていますが、殆どが研究用に植樹された実験林。寮生だった宮沢賢治は、ハクウンボク、ヒノキ、ブナなど園内の木々を歌に詠んでいます。

　三育幼稚園側から通用門③を入った両側にあるイチョウの大木は、明治35年（１９０２）の開校にあたり玉利喜造初代校長が植えた記念樹です。創立当初、正門はこちらにあったのです。その先には巨大な盆栽のような「山邊《やまべ》のマツ」が、丹精こめた武家の庭の面影を今に伝えています。

　かつて図書館だった建物が１００年を経た現在「岩手大学ミュージアム」④に衣替え、これまでの研究成果をわかり易く解説し、動植物の標本などを展示しています。中でも、幕末期に来日したロシアの植物学者の下男として働くうちに植物採集の助手として信頼され、発見した多くの新種にチョーノスキーの名をつけてもらった紫波町出身の須川長之助に関する資料展示は、歴史好きには興味深いコーナーです。

　北水の池近く⑤には盛岡高等農林で教鞭をとり研究をし

岩大植物園内の上田新小路跡

ていた、ビタミン発見で有名な鈴木梅太郎博士の碑や古生植物学者でメタセコイアの名付け親となった卒業生、三木茂教授縁《ゆかり》の木などもあります。

激しい誘致合戦も

明治32年（1899）、初の国立高等農林学校の盛岡設置が決まったのを受け、地元では上田地区と鉈屋町地区の間で激しい誘致合戦が展開されました。旧本館にはその時の両地区の誘致嘆願書が展示されています。結果は上田地区に軍配が上がったわけですが、もし鉈屋町地区に誘致されていれば、神子田《みこだ》の朝市や河南中学校のエリア一帯は岩手大学のキャンパスになっていたかもしれませんね。

農学部の植物園とは別に、教育学部棟の西側に「自然観察園」⑦があります。元々、高等農林時代にこの場所にあった植物園を引き継いだもので、100年余の間に成長したブナやオニグルミ、ケヤキなど30メートル以上の落葉性高木が森を形成しています。また、この観察園内には戦時中、学生の軍事教練に使用された「狭窄《きょうさく》射撃場

米軍511部隊の置き土産

跡」がひょうたん池のそばに残っています。戦争にまつわる遺物は、国道46号線を挟んだ工学部キャンパスの「一祐会館《いちゆう》」⑧でも見ることができます。敗戦直後の昭和20年（１９４５）９月、落下傘５１１部隊の米兵約３千人が盛岡に進駐、当時の盛岡工業専門学校（現工学部）校舎が兵舎として接収されました。展示されているのは進駐軍が板壁に描き残していった部隊のマークや旗など占領中の歴史を物語るものです。

（２０１２年5月号）

青山町界隈

軍都から平和とスポーツの街へ

盛岡の北西部、青山2丁目に明治以来100年以上も風雪に耐えてきた赤レンガの歴史的建造物「旧陸軍騎兵連隊覆《おおい》馬場練兵場」があります。この建物がこのほどスポーツやイベントなどができる多目的施設「盛岡ふれあい覆馬場プラザ」として生まれ変わりました。この機会に盛岡市内でも特異な歴史を刻んできた青山町界隈を歩いてみましょう。

到る処青山《せいざん》あり

標題では「青山町界隈」としましたが、実際には現在の住居表示に「町」の字はなく、青山1〜4丁目に変わっています。青山町は戦後に生まれた町です。藩政時代、御狩り場だったこの一帯は、明治後期から陸軍の工兵大隊と騎兵旅団の駐屯地及び演習地、すなわち軍事施設として使用されてきました。青山地区が司令部や兵舎、厩舎《きゅうしゃ》等がある駐屯地、みたけ、月が丘地区（昔の観武ケ原《みたけがはら》）が射撃場や滑走路などもある広大な練兵場でした。通常は御用商人以外、

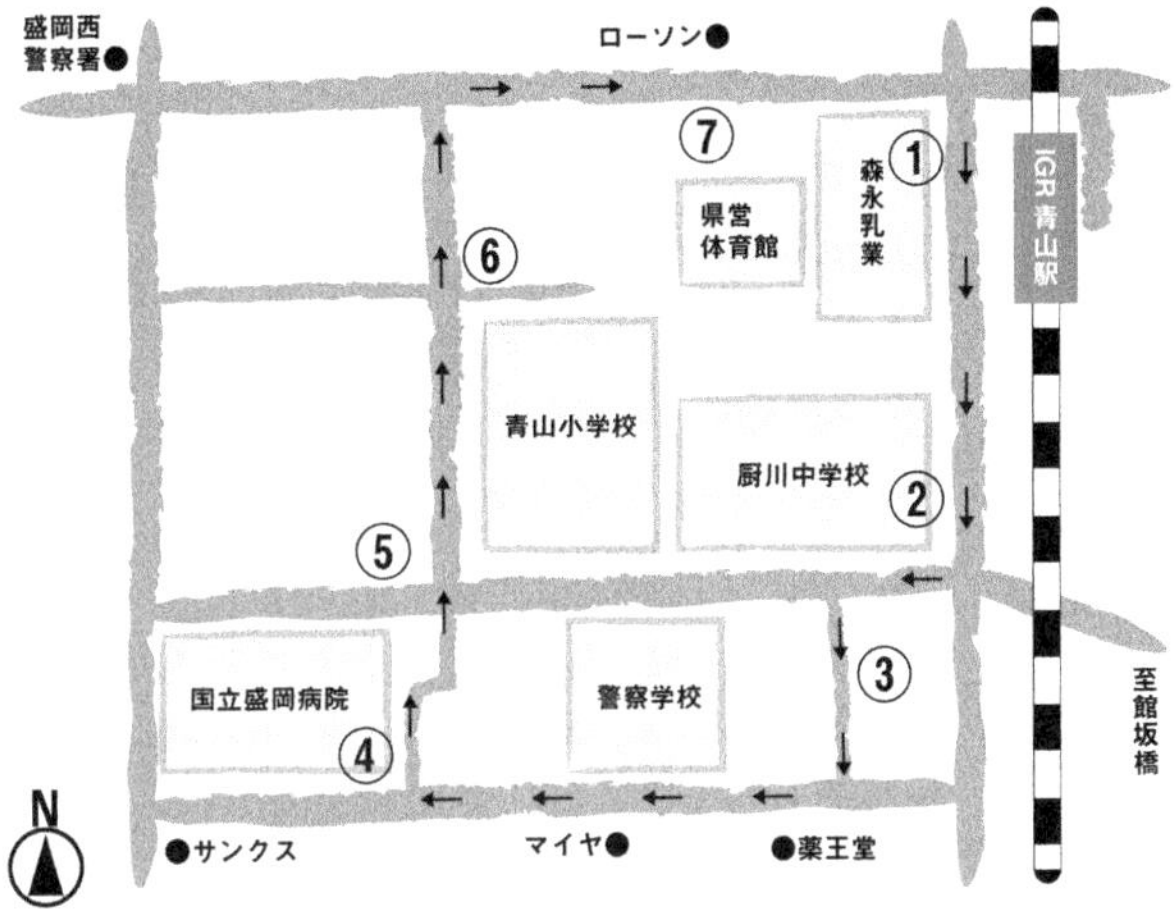

一般市民はあまり立ち入れなかったエリアです。昭和20年（１９４５）、敗戦により軍は解体され、旧軍施設は外地から着の身着のままで引揚げてきた人達の宿舎などに転用されました。それらの施設の一つに当時の県知事が、有名な漢詩の一節「…人間《じんかん》到る処《ところ》青山《せいざん》あり」から引用して「青山寮」と命名したことから青山町が誕生したと聞いています。

ＩＧＲいわて銀河鉄道青山駅前のレンガ造りの門柱を出ると、斜め向いにも立派な赤レンガの門柱が鉄扉とともに建っています。今は森永乳業盛岡工場となっている場所に、かつての騎兵第23連隊の通用門①が復元されているのです。日露戦争終結４年後の明治42年（１９０９）７月、新たに編成された騎兵第３旅団の23連隊と24連隊がこの地に駐屯することとなり、将兵約

2500名、馬匹《ばひつ》約1600頭が配置されました。23連隊が主に地元岩手から召集された兵士、24連隊が新潟や長野など信越地方出身の兵士によって構成されていました。長岡出身の故田中角栄元首相が新兵として盛岡にいたことはよく知られた話です。昭和10年（1935）9月、第3旅団2個連隊は戦雲急を告げる満州に移駐することになり、その後には陸軍予備士官学校、歩兵戦車隊、飛行隊が設営された経緯が門の奥の碑に記されています。

通用門前を南に進むと厨川中学校。ここの校舎も昭和40年前後までは旧兵舎を使用していたと記憶しています。正門の横には同校の校章である「北梅」の前九年合戦にまつわる由来を誇らしげに記した解説板②が建っています。

信号を渡ると住宅街に入ります。この辺は第23連隊の厩舎や馬糧倉庫などが並んでいた場所ですが、戦後はこの地区初の市営住宅が建てられた所で、その名も「平和台住宅」。当時の平和への思いが伝わってきます。今も公民館③にその名を残しています。隣接する元兵舎が並んでいた所も今は県の警察学校。西に歩みを進めると、こん

旧騎兵第3旅団23連隊通用門

もりとした樹木の下にまたまた赤レンガの門柱が見えてきます。国立盛岡病院の前庭に整備されているのが「工兵園」④という小さな庭園です。この地は騎兵旅団より1年早い明治41年（1908）6月、弘前から移駐してきた工兵第8大隊約500名の駐屯地だった所です。この工兵隊は明治末期の盛岡市内の大洪水や昭和初期の三陸大津波等の災害救助活動で大活躍し市民にも親しまれたそうです。

6棟あった覆馬場練兵場

病院の構内を横切って「国立病院北口」のバス停に出ると、フェンス越しにコンクリート製の杭⑤が1本見えます。この辺は軍馬の蹄鉄《ていてつ》などを扱った鍛冶場の跡で、馬を繋いだ杭だけが残りました。ここから青山小学校を右手に眺めながら北に進むと、このほど再生された「旧覆練兵場」⑥の威容が見えてきます。雨天の際に兵馬を訓練する赤レンガ造りの屋内馬場は6棟ありましたが、結局この1棟しか残せませんでした。旅団中枢施設の一部は戦後「青山公園」

平和台公民館

となり、昭和45年（１９７０）の岩手国体のため県営体育館が公園に建設され現在に至っています。園内には軍事演習観閲等に来盛した大正天皇、閑院宮《かんいんのみや》、竹田宮、淳宮《あつのみや》（後の秩父宮）といった皇族方のお手植えの木⑦が巨木となって緑陰を作っています。

（２０１２年６月号）

大正天皇お手植えのサワラ

明治天皇盛岡行幸《ぎょうこう》

新しい時代の始まりを告げる旅

今から136年前の明治9年（1876）7月10日は、維新後初めて東北巡幸の旅に出た明治天皇一行が、1週間にわたる岩手の視察を終えた日です。7月3日に岩手県入りした一行は、平泉に立ち寄った後、水沢、花巻にそれぞれ1泊しながら、6日の午後3時ごろ真新しい明治橋を渡って盛岡入りしました。

市民総出の奉迎

記録によれば、一行が3日の日に岩手県入りしてからは連日の雨降りで、右大臣の岩倉具視をはじめとする随行員、武官、従者など約250名、荷物運搬の人夫約460名の大集団が、未整備のままの悪路を北上したわけですから、その難渋ぶりは容易に想像されます。陛下も聖《せい》駕《が》（馬車）や御板輿《おんいたごし》などに乗り換えながらの移動でした。それでも24歳の青年天皇は生気溌剌《はつらつ》、新しい国造りのために国情を少しでも見ておこうと意気軒昂でした。明治政府にしてみれば、

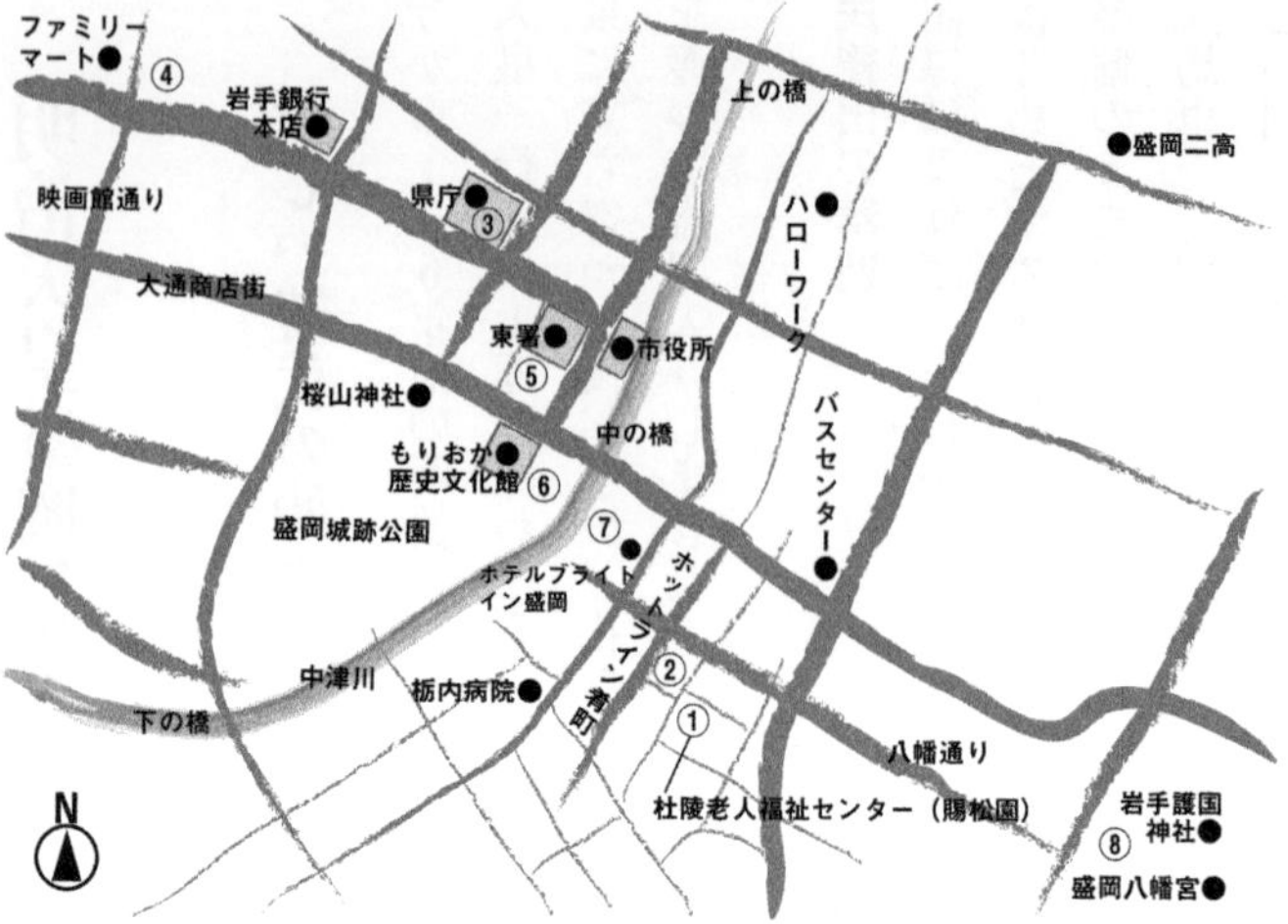

戊辰《ぼしん》戦争で幕府側についた南部の地に天皇自ら巡幸する事によって新政府の威光をかざし、新しい時代の始まりを告げ知らせる狙いがあったのでしょう。

藩政時代、北上川を渡って盛岡城下に入る浮き橋として有名だった「新山舟橋」が、維新後のこの頃には明治橋（木橋）に架け替えられていました。橋から見た北上川は連日の降雨で水量を増し、岩手山は雨雲に隠れていたようです。

川原町、新穀町、穀町、六日町と、今では懐かしい旧町名となった通りには各戸ごとに日の丸が掲げられ、造花や紅白の提灯《ちょうちん》が軒先を飾る中、沿道には学童達や盛装した住民が整然と並び、西洋風の馬車に鎮座した若き天皇を恐る恐る仰ぎ見ながらお迎えしました。

行列が六日町から肴町に入り、行在所《あんざいしょ》（宿泊所）とされた旧餌差《えさし》小路の菊池金吾邸①（現杜陵老人福祉センター）に到着したのは午後3時40分でした。菊池金吾は旧藩の士族。皇太子妃雅子様の曽祖父である山屋他人海軍大将の伯父に当たる人でもあります。前の道が狭すぎるため、肴町から直接通れるよう門前の家作と土地を買い取って道路とし「御幸《みゆき》新道」②と名づけて一行をお迎えした事はよく知られています。

天覧授業の豪華な顔ぶれ

久しぶりの快晴に恵まれた明くる7日、早朝8時に行在所を出発した一行は、御幸新道、肴町から中の橋を渡って内丸の県庁③に向かいました。この建物は幕末期に建てられた藩主の別邸「広小路御殿」を改装したもの。県庁職員が門前に整列して奉迎する中、島県令（知事）から岩手県の実情について報告と陳情を受けました。

9時には日影門外小路に移動、仁王学校④（現北日本銀行本店隣りの小緑地）で授業を参観します。明治天皇、お供の岩倉具視《ともみ》、三条実美《さねとみ》、大久保利通、大隈重信、木戸孝《たか》

④日影門緑地・旧仁王学校跡地

允《よし》（桂小五郎）など大河ドラマに登場するような明治の元勲達が、あのヒノヤタクシー本社の真向かいで、盛岡市内外から選抜された71名の子供達の読本、地理、算術の授業参観をしていたのです。また校庭では、やはり選抜された401名の子供達による体操も天覧に供したと記されています。

この後、一行は島県令の先導で現在の東警察署から東北銀行、岩手日報社に至る広大な敷地を有した勧業場⑤に案内され、養蚕所や製糸場などを視察。陳列所⑥では山間僻地に住む貧農の衣食の展示に陛下の足が止まったといわれます。中の橋を渡って次に立ち寄ったのは、士族子女の授産を目的として菊池金吾が経営する機業場⑦。200名余の女工が南部紬や木綿織を産しており、陛下はここで菊池の功労を高く評価しました。

⑦御臨幸機業場遺趾

一旦、行在所に戻った陛下は午餐《ごさん》を済ませた後、午後2時には県社である盛岡八幡宮に行幸、境内に設営された御座所⑧に就いて、名高い南部馬400余頭のパレードを観覧しました。この場面は「奥羽巡幸馬匹御覧」として描かれ、東京の神宮外苑絵画館に展示されています。この日の境内では80人ほどの集団が揃いの浴衣でさんさ踊りも披露しています。

明治天皇は、翌8日の朝7時には行在所をご出立、紺屋町、上の橋、本町、上田を経由して盛岡を後にします。愛宕町の中央公民館庭園内には行在所の御成りの間が「聖風閣」と名づけられて移築保存されています。

（2012年7月号）

寺ノ下界隈

お盆の頃の夕涼みはここでしょう

盛岡市内には、お城の鬼門に当たる北東から北部の山沿いにお寺が並ぶ「北山寺院群」、そしてご城下南辺の守護と安寧《あんねい》を図るべく集められた寺で構成される「寺ノ下寺院群」と南北2ヶ所の寺院群地区があります。この時期、寺ノ下寺院群のある大慈寺町と昔ながらの旧盆の風情に浸ることができる鉈屋町界隈を夕涼みがてら歩いてみませんか。

お寺と緑と井戸水と

最近、テレビでは「世界ふれあい街歩き」とか「ぶらタモリ」「ちい散歩」など普通の街を地元の人達と触れ合いながら散策する番組が人気のようですが、もし盛岡を取り上げるとすれば、取材クルーが真先に廻るに違いないと思われるのが、この「寺ノ下寺院群地区」でしょう。ここでは手づくり感のある町並みと緑と水の潤いを随所に見ることができます。

元々「寺ノ下」は、現在惣門森商店＊のある旧穀町惣門の出口①から撫《な》で牛《べご》と四季桜で知ら

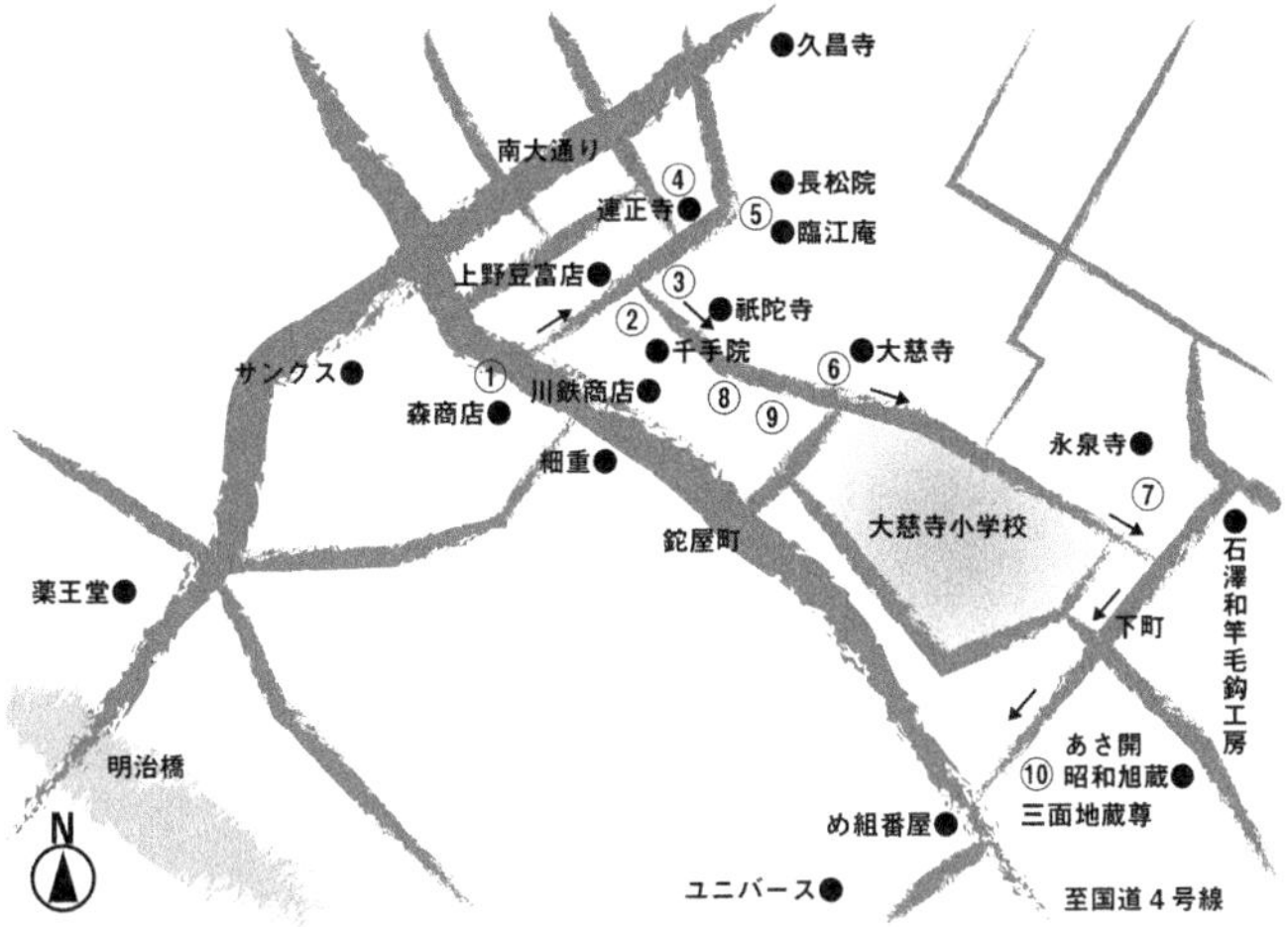

れる千手院《せんじゅいん》②、寄席豆腐で有名な盛岡最古の上野豆富店、寺宝として龍の鱗《うろこ》が伝わる青龍伝説と十六羅漢縁《ゆかり》の祇陀寺《ぎだじ》③、豆腐買い地蔵で知られる連正寺④、南部家菩提寺である北山の臨済宗・聖寿禅寺の末寺として、どちらも南部家家臣や縁の人々の墓所が多い臨江庵と長松院⑤までの細い通りの通称でしたが、いまでは久昌寺、大慈寺⑥、永泉寺⑦をも含む大慈寺町内約３・５ヘクタールが「寺ノ下寺院群地区」として市の歴史的環境保全地区に指定されているのです。

今回の散歩は千手院から祇陀寺の手前を右折し、祇陀寺の境内から湧き出る清水を使用する共同井戸「青龍水」⑧でのどを潤してから細い路地を進みます。右手の板塀に囲まれた旧料亭「川鉄」⑨からは時々いい匂いが漂ってきます。このごろ鉈屋町での催し物に合わせて営業することがしばしばあり、昔、原敬や米内光政が帰省した折に宴を持ったという二階の座敷で鰻の蒲焼を味わうことが出来るのですが、土用も過ぎてしまった今回は庭の素晴らしさだけ眺めながら大慈寺に移動します。

昨今「歩いて楽しむ街もりおか」というマップを片手に市内を散策する市民や観光客も増えつつあるようで、かねてより歴史散歩をおすすめしてきた私としてはうれしい限りです。この大慈寺も定番になっていて多くの方が訪れ、黄檗宗《おうばくしゅう》独特の明代《みんだい》様式による山門や本堂を珍しそうに撮影した後、原敬夫妻の墓前に合掌する姿をよく見かけます。せっかくですからできれば本堂にも入り、当時の皇太子殿下（昭和天皇）の特別の計らいによって完成したといわれる原敬の肖像画も御覧いただきたいものです。また、夫妻の墓所の後ろ約30メートルの所には原敬の秘書官として永年仕え、内閣書記官から衆院議員にもなった高橋光威《みつたけ》の墓所があります。彼は新潟県新発田《しばた》の人ですが「死んでも原先生をお守りしたい」という遺言によって分骨したのだそうです。さらに本堂の裏手に行くと庭園の向こう

大慈寺にある「腰越荘」

に「腰越荘《こしごえ》」が見えます。源義経の史跡としても名高い鎌倉・腰越の地にあった原の別荘の一部が、後に浅夫人から寄贈され移築されたものです。

お盆ならではの見もの

次に向う永泉寺。天然記念物に指定されている珍木「シダレカツラ」の接ぎ木育成に功のあった阿部善吉翁の碑や保存樹木の大ケヤキ、近代製鉄の父・大島高任の墓所などこのお寺も色々見所がありますが、何と言ってもこの時期の見ものは絵画。お盆の時期にだけ本堂の一画に展示披露するこのお寺の秘図「九相図《きゅうそうず》」と「幽霊」の掛図です。前者は小野小町とも伝わる美女が死を迎え、腐り果て骨になり、土になるまでの変りゆく様を九つの相に分けて描いた図。後者は嫉妬に狂った本妻の幽霊が呪い殺した妾《めかけ》の髪をつかんでいる図。どちらもすさまじい絵です。お盆にお寺で拝観するところに意味があるのかもしれません。

永泉寺前の下町《したちょう》と呼ばれた通りを、あさ開酒造を左手に

下町（したちょう）から第二分団め組番屋を臨む

下町通り沿いにある夢枕伝説の三面地蔵⑩にお参りしてから銙屋町に出ます。お盆の時期、昔ならどの町でも見られた家の前での迎え火、送り火。その樺火を囲みながら家族で線香花火といった懐かしい光景が、今年も14・15・16の三日間、町家が立ち並ぶ銙屋町で見られます。伝統さんさの門付けもあるそうです。浴衣がけで出かけましょうか。

（2012年8月号）

見ながら消防第二分団め組の番屋をめざします。

＊惣門森商店の建物は2013年に解体されました。

盛岡八幡宮境内

盛岡八幡宮は神社のテーマパーク

街を歩いていると、どこからともなくドンコドンコと太鼓の音が風に乗って聞こえてきます。さんさ踊りとはまた違ったリズムで、盛岡っ子の懐かしさを呼び覚ます響きです。「お八幡さん」の祭りを間近に控え、奉納する山車の音頭上げの稽古が佳境を迎えているようです。今回は太鼓の音に誘われて広い盛岡八幡宮境内を散策してみましょう。

「神社のテーマパーク」という見出しは八幡宮ホームページ「境内案内」のサブタイトルです。確かに境内には歴史の変遷の中で多くの神社が集っています。正面の大鳥居をくぐったその先の石段上には、朱塗りの八幡宮拝殿が堂々とした風格を漂わせ、左側には笠森稲荷神社や岩手護国神社などが並んでいます。広い境内には他にも縁結美《えんむすび》神社、飲食店の守り神である高倍《たかべ》神社、生まれ年守護の十二支神社、安産祈願の梅宮等々、拝礼祈願の対象となる殆どの神々がここに鎮座しているかのようです。

初詣やお祭りの時は、拝殿で賽銭を投じ柏手《かしわで》を打って拝めば、後はどうしても露店や屋台に

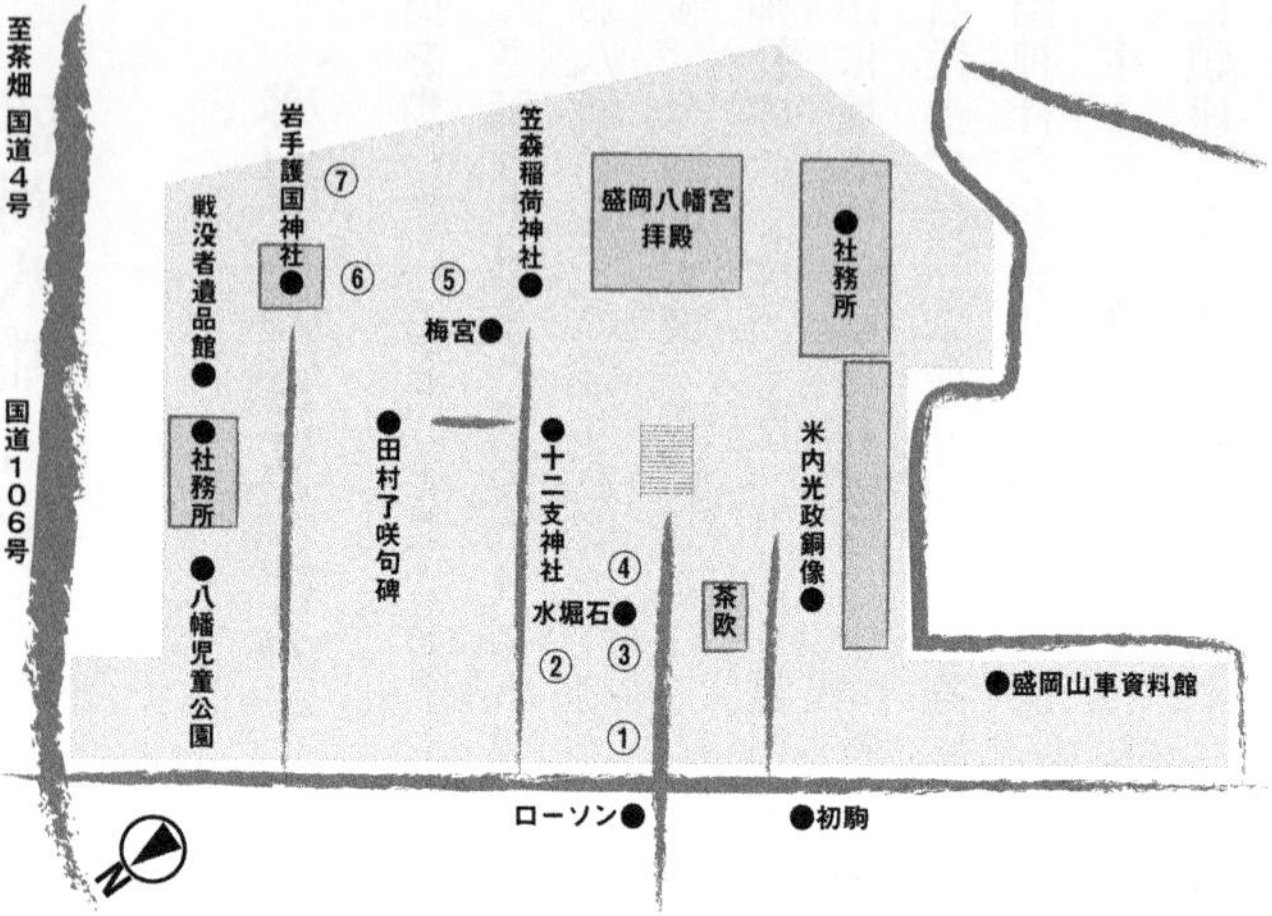

目が行ってしまいがちですが、せっかくの機会ですから境内を探索してみませんか。その前に「お八幡さん」の歴史を簡単におさらいしておきましょう。

城内三ノ丸から遷座

南部氏は源氏の氏神である八幡宮を崇敬《すうけい》し、城内三ノ丸の烏帽子岩《えぼしいわ》の裏手に鳩森《はともり》八幡宮を祀っていましたが、城下町造りがほぼ完了した寛文年間（1670年代）、29代重信公が「民心の安定を図るため城外に八幡宮社殿を移してみては？」という嫡男《ちゃくなん》行信公の発願《ほつがん》を採り入れて遷座を決定。行信公主導の下で八幡山造成工事が着手され、本殿、拝殿、神輿《みこし》殿などすべて完成したのは延宝8年（1680）、晴れて一般領民による八幡宮参拝が許されました。翌年には神輿渡御《みこしとぎょ》や流鏑馬《やぶさめ》も始まり、30年後の宝永6年（１７０９）には城下23町内から奉納山車が繰り出され、賑やかな祭礼が営まれたのでした。今年は山車が練り歩くようになって３０３年目になります。

露店の影に見所が

では、八幡町の通りから信号をわたり、皇太子妃雅子様の曾祖父にあたる盛岡出身の山屋他人海軍大将揮毫《きごう》による「盛岡鎮守」と刻まれた社標①を左手に見ながら境内に入って行きましょう。

大鳥居をくぐって左前方に目をやると、明治天皇像②が木々の下に立っています。この場所が明治9年（１８７６）7月、盛岡を訪れた明治天皇のために玉座が設けられ、当地が誇る四百頭余の南部駒をご披露した所です。再び正面に向うとすぐ両側に青銅の燈篭③。文化9年（１８１２）、御用職人が町人達の依頼で造り奉納したものですが、あまりにも見事な燈篭だったせいか36代利敬《としたか》公によって中の橋

③市指定文化財「青銅燈篭」

畔の高札場「辻の札」に移設されたあげく「八幡」の文字が削られてしまいます。結局、氏子たちの尽力で再び現在地に戻されたという曰《いわ》くつきの燈篭です。「水堀石《みずぼりいし》」の傍《かたわ》ら、大きな石柱④に「大角力《おおずもう》勧進元五十年記念」とあります。これは明治3年（1870）に八幡宮門前にあった相撲場で勧進相撲が催されたのを記念、大正9年（1920）当時の顔役で興行師でもあった「曲三《まげさん》」こと藤澤三治が建立したものです。笠森稲荷の方に足を運ぶと、隣には天照大神を祀る「神明社」⑤があります。「神明町」という名を今に残すこの由緒ある神社、元々は、縁日に境内で生姜を売っていたことから、旧町名では「生姜町」と呼ばれていた現在の南大通1丁目、旧光ビル＊の辺りにありましたが、維新後、現在地に遷座しています。

神明社の裏手は招魂社。皇軍兵士として西南戦役で戦死した岩根少尉ほか地元出身将兵の忠魂碑、そして「南部は勤皇側につくべし」と家老の楢山佐渡に自刃《じじん》して訴えた目時隆之進と中島源蔵の名誉回復の撰文が、苔むした顕彰碑⑥に刻まれています。

⑦「大村園」碑

今でこそ静寂が支配する岩手護国神社ですが、昭和の初め頃までこの辺りは遊楽の地として賑わっていた所。八幡町で遊郭を経営していた大女将・大村タマがこの地に料理屋と庭園を造り、自分の銅像を建てたのは昭和2年（1927）4月のことでした。「夏草や稀代の女傑が夢の跡」とでも申しましょうか、草深い裏山に「大村園」の碑⑦だけが人知れず残っております。

（2012年9月号）

＊旧光ビルは解体され現在はマンションが建っています。

南部家墓所散策

22人もの殿様が眠る旧桜山

読者の皆さんは、これまで北山にある南部家の墓所を訪れた事があるでしょうか。聖寿禅寺そして東禅寺という二つの南部家菩提寺には、南部家ゆかりの墓所が並んでいます。最近、墓所の何箇所かに新しい案内板が設置されたと聞きました。紅葉の季節ももうすぐです。木漏れ日の下、お殿様たちの墓所周辺を散策しながら南部家のドラマに思いを馳せてみませんか。

北山の旧桜山といわれる一帯に南部家の菩提寺、聖寿禅寺と東禅寺が隣接しています。いずれも臨済宗のお寺です。

聖寿禅寺の墓地には、南部光行公など藩政以前の当主の五輪塔まで含めれば、歴代のお殿様だけでも14人の墓が集中しています。また、本堂の左手奥にある納骨堂⑤には、平成21年（２００９）に亡くなられた45代故南部利昭氏まで、昭和以後に亡くなられた南部家当主３人も埋葬されています。一方、東禅寺には27代利直公をはじめ5人の藩主の墓があります。

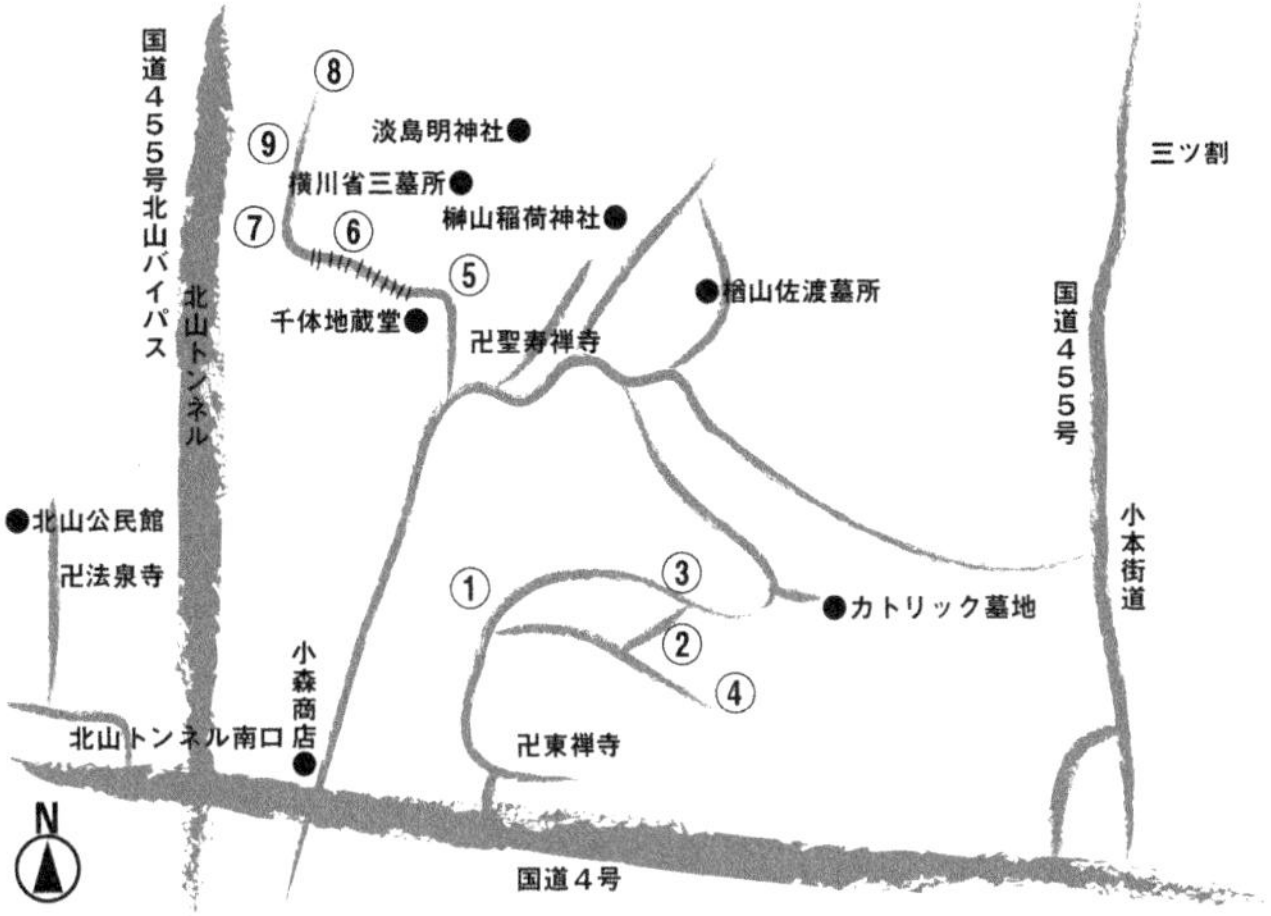

墓所周辺には、それぞれのお殿様の正室や側室、早世した若様や姫様、兄弟姉妹、縁戚、重臣達などの墓石が、あるいは整然と、またあるいは不揃いに置かれています。昨年の大震災の影響と思われる倒壊したままの墓石も散見されます。

藩主の墓がこれほど集中している所はあまり例がないようで、森の中に点在する南部家ゆかりの墓所を、累代の殿様の時代や城下町盛岡の変遷に思いを馳せながら散策するのも一興ではないかと思います。

質素な利直公の墓

東禅寺の山門をくぐって本堂横、左側の道を進むと、まもなく左手に見えてくるのが27代利直公の墓①。26代信直の遺志を受け継ぎ、この地に新たな城と町を築いた人です。近江商人を招聘《しょうへい》して町を起こし、上の橋などの中津川三橋を架けるなど、城下盛岡の基盤整備をした殿様の墓所としては実に質素なものです。利直公のお墓にしてこの慎ましさですから、その子孫である累代の墓も殆どが質素な構えです。東禅寺には、本来跡を継ぐはずの若君が不祥事のため廃嫡《はいちゃく》となり、思いもよらず大名のお鉢が回ってきた35代利正公の墓②、切支丹の娘・お蓮の方を母に持つ31代信恩《のぶおき》公の墓③の他、37代利《とし》用《もち》公、39代利義《としとも》公の墓が点在しています。また、墓ではありませんが、利直公の側室で29代重信公の生母である花輪御前ことお松の方を供養するために奉納された花輪地蔵④が本堂裏手に鎮座しています。

　左手の奥に向って南部家縁戚の墓が並ぶ一帯を抜けると榊山稲荷《さかきやまいなり》神社の横に出ます。この近くには戊辰《ぼしん》戦争敗北の責任を一身に負い、報恩寺で切腹した筆頭家老・楢山佐渡の墓がひっそりと建っています。

④東禅寺の花輪地蔵

殿様にドラマあり

聖寿禅寺の山門左手に千体地蔵堂があります。文化8年（1811）、36代利敬《としたか》公が建立した五重塔の残滓《ざんし》です。このお堂の右奥に約140段の石段があり、お殿様達の墓はこの石段を登った先にあります。100段ぐらいまで上がると右側に、様々な問題行動を起こしつつも盛岡の文化向上に貢献した28代重直公の墓⑥をはじめ、32代利幹《としもと》公、34代利雄《としかつ》公の墓。まっすぐ上まで登ると、そこには北上川の流れを変え、鉱山や水田の開発を進めて南部藩の黄金期を築いた名君・29代重信公の墓⑦、切支丹の娘を側室にするなどして生涯31人の子供をもうけた30代行信公、奢侈《しゃし》に走り領民達の怨嗟《えんさ》の的になった38代利済《としただ》公の墓などが見えてきます。そこからさらに右手奥に五輪塔が4基並んでいます。南部家始祖・光行公の五輪塔⑧は右端です。ご先祖様を守るように手前に屹立《きつりつ》している二基の墓は、36代利敬公と事実上、最後の藩主となった40代利剛《としひさ》公の墓⑨です。

ここに眠るお殿様達の物語や事跡について、例えば『不

⑧・⑨整備された南部家墓所

来方の賦』（大正十三造著）、『藩物語・南部藩』（佐藤竜一著）、『南部史考』（高橋清明著）、『盛岡南部氏物語』（吉田政吉著）などで情報を仕入れてからこられると、より興味深い墓所めぐりになると思います。

つい数年前までは木々がうっそうと繁って昼なお暗く、折れた枝が墓石にしな垂れかかったりして荒れていたものですが、心ある有志の皆さんの奉仕でずいぶん整備され明るくなりました。北山自然散策路からの道も通じています。是非この機会に足をお運び下さい。

（2012年10月号）

山王・新庄界隈（前編）

「新庄は〝新城〟にあらず」と幕府に釈明

　前々回は祭囃子に誘われて八幡宮境内を散策しましたが、八幡山といわれたその辺りから山王、新庄と続く丘陵地帯は、寺の下の河南地区寺院群と北山・名須川町地区の寺院群を繋ぐかのように、いくつもの神社が置かれたいわゆる神域。藩政時代には「花見」ならぬ「山見」で賑わったというこの界隈を、紅葉狩りでもしながら歩いてみましょう。

　今から約50年前のこと、岩手国体を間近に控え国道4号線バイパスの建設が決定。コース選定に当たり、当時は本宮、太田、西青山の西コース案と、山側の東回りコース案でずいぶん議論が行われたものです。それぞれに反対論がありました。西コースは「優良な生産緑地である田園地帯を潰してはだめだ」という声。一方、東コースに対しては「沿道に小中学校が多く、子供達の安全と教育環境が壊される」という声が多かったようです。中には「この一帯は神社が集まるいわば神々の里。ここを破壊してはならない」という人々もいたのです。

　確かに、古地図を見ると松尾神社から始まり、八幡宮の神社群、山王町から新庄にかけて護

法三神社、銭掛稲荷、山王社、朝香稲荷、尾崎神社、住吉神社、八雲神社、鹿島神社、新庄稲荷、不動社、天満宮、梅宮神社という具合で、いわば盛岡の神域と言ってもいい地域でしたが、結果的には東コースが採用され現在に至っているわけです。

眺めの良さは随一

盛岡八幡宮の境内から国道106号線を横断して山王町に進むと、左手に狭い路地があります。その奥には遠光寺《おんこうじ》という日蓮宗のお寺と保育園が見えてきますが、その手前左側に古めかしい社殿があります。この神社は護法三神社①で、子供を守る神様「千代子安稲荷《ちよこやすいなり》」が祀《まつ》られています。その昔、江戸城内に祀られてあったそうですが、ご縁があって昭和5年（1930）

当地に遷座されました。路地を戻って山王町の細い坂道を登っていくと盛岡地方気象台が丘の上に見えてきます。昔は「測候所」と呼ばれていました。この山王の丘に測候所が開設されたのが大正12年（1923）の9月1日、そうです関東大震災の日です。盛岡で開所を祝っていたまさにその時、東京は未曾有の大災害に見舞われていたわけです。

　山王は市内でも指折りの展望地であるため、藩政時代の貞享《じょうきょう》4年（1687）、南部家30代行信公によって山王社が建てられ、その裾《すそ》まわりの回廊には十二軒茶屋と呼ばれたお休処が並んだといわれます。その山王社も大正期における測候所建設に伴って、ご神体は新庄の八雲神社に移され、境内にあった小さな祠《ほこら》は測候所の下の現在地②に移設、毎年櫻山神社の神官が来てお祓いをしているのだそうです。

竣介、賢治ゆかりの地

　十二軒茶屋があったといわれる西側斜面の回廊部分③には、いま岩手銀行の社宅や倉庫が並んでいます。時代が前

②気象台下の山王宮

後しますが、父親が銀行員だった松本竣介は、ここの社宅に盛岡中学を中退し画家をめざして上京する昭和4年（1929）まで住んでいました。その2年前の昭和2年（1927）7月、社宅のすぐ上にある測候所を宮澤賢治が訪ねています。冷害に備えるために正確な気象データをもらいに来たのです。賢治はその後も度々測候所を訪れています。名作「グスコーブドリの伝記」に出てくる「イーハトーブ火山局」のモデルがこの盛岡測候所というのはよく知られた話です。

話しを行信公の頃に戻しましょう。この行信公には川原町円光寺の首塚伝説で知られる切支丹の娘・お蓮の方をはじめ、多くの側室がいたことで知られていますが、気候のいい時期にはそうした側室達を伴い、山王方面に「山見」という物見遊山に繰り出しました。さらに行信公は一帯に藤をめぐらせて藤ヶ森とし、御谷屋敷という別邸を新庄に建てました。古文書などによると、御谷屋敷は現在の市営野球場④付近の上屋敷と住吉神社⑤付近の下屋敷があったそうです。ところが、この件について内偵する者

③気象台下の十二軒茶屋跡付近

がいたのか、密告する者がいたのか、江戸幕府に「南部は無断で新しく城普請《しろぶしん》をした」つまり、「新庄に築いた」が「新城を築いた」と伝わり、詰問されたものですから信行公は誤解を解くため慌てて釈明し、事なきを得たといわれています。（後編に続く）

（2012年11月号）

山王・新庄界隈（後編）

散歩好きにはたまらない空間

岩山の東に広がる盛岡市の霊園が「新庄墓苑」というのでもわかるように、「新庄」という地名はずいぶん広範囲にわたっています。しかしながら、ここではあくまでも散歩の範囲内のご案内でご容赦いただいております。

それでもさすがに一回ではご案内し切れず、初めて前後編に分けての散歩とさせていただいた次第です。

前編で「貞享《じょうきょう》4年（1687）南部30代行信公によって山王社が建てられ…」と記しましたが、71歳になる父君の29代重信公が矍鑠《かくしゃく》として現役を務めていたため、実は行信公は45歳になってもこの時点ではまだ「若様」でした。つまり、山王社は若君の発願《ほつがん》で建立されたのです。十二軒茶屋や御谷屋敷などが普請されたのは元禄11年（1698）だそうですから、こちらの方は家督を継いだ行信公が「殿様」として新庄に建設したもの。そして、その屋敷が「新城では？」と幕府から余計な疑いをかけられたというわけです。

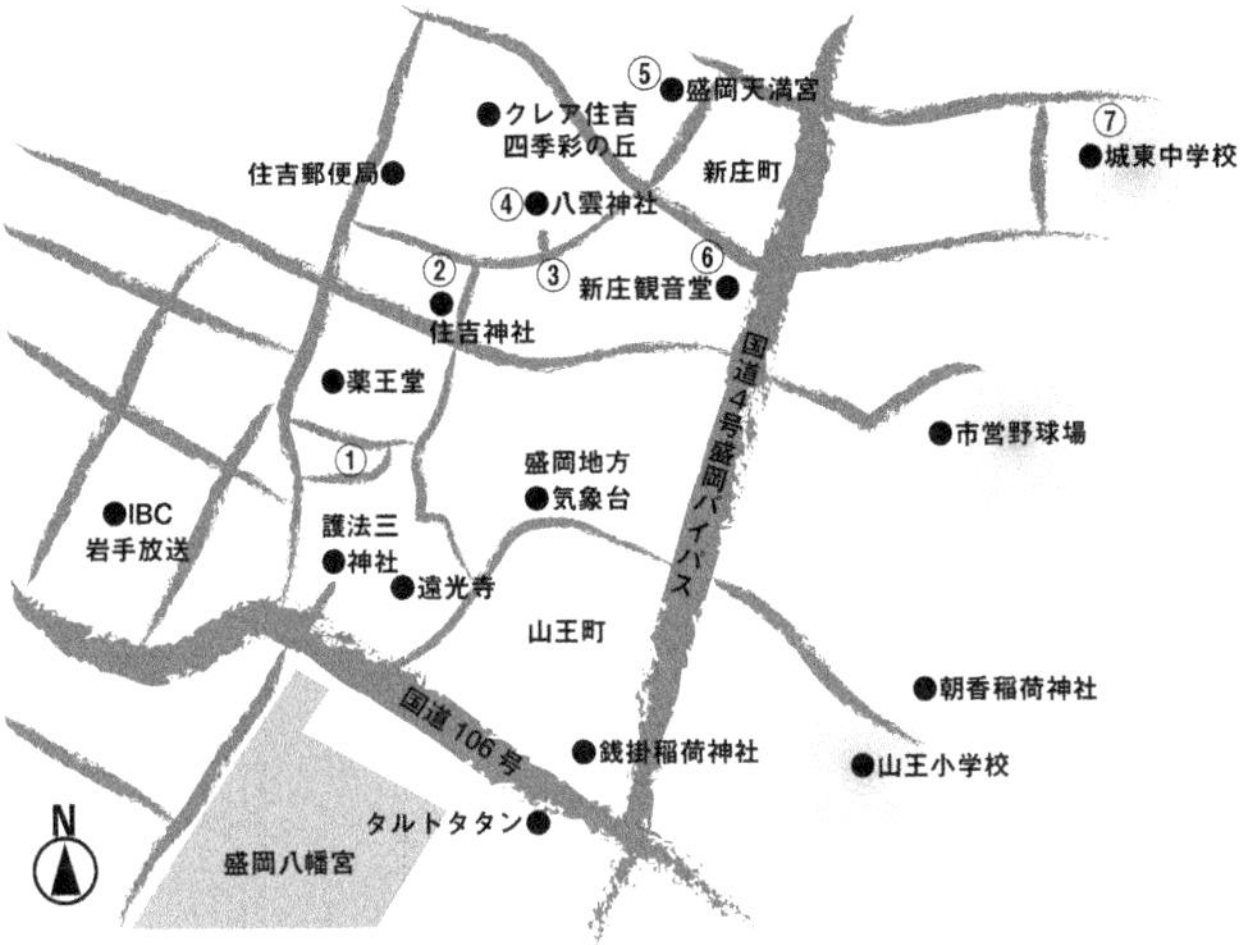

時代が下って元文年間（1790年頃）33代利視《としみ》公の頃、山王社や十二軒茶屋の下には、釜石尾崎神社の分社が勧請《かんじょう》されたという記録もあります。そのことを裏付けるかのように、昭和40年（1965）頃までこの辺りには「尾崎前」という町名が残っていました。

この界隈は静かな住宅街になっていますが、随所に抜け道のような細い坂道や段々道があって、散歩好きにはたまらない空間が続きます。坂道を下って雑木のトンネルを抜けると、かつて山王窯で瓦などを焼いていた古美術収集家、故・景山忠雄氏が建てた山王美術館①＊が見えてきます。

坂を下りずに北の小道を進むと住吉神社②の本堂裏手に出ます。前九年合戦の時（1051年頃）、源頼義が大坂住吉神社の神霊を勧請し厨川に祀《まつ》ったのが始まりと伝わる住吉神社は、寛政9年（1797）やはり利視公によって現在地に遷座されています。尾崎神社といい住吉神社といい、この殿様は海や水の守りに熱心だったようです。大坂の廻船問屋達から寄進されたという8基の石灯籠には「海上安全」と刻まれています。

逸話の多い八雲神社

住吉神社境内の見事なケヤキやイチョウの大木を左手に眺めながら路地のつきあたりを右折、細い坂道を進むと右手の低い生垣越しに見えるのは藤原養蜂所③。左側には八雲神社のお堂④がひっそりと佇《たたず》んでいます。この神社は寛文2年（1662）に勧請された古神社です。幕末期、開明派で英邁な若君として将来を嘱望《しょくぼう》されていた39代利義《としとも》公は、父の利済公と反りが合わず、僅か1年の治世で隠居を強いられ江戸屋敷に軟禁状態になった悲劇の殿様ですが、維新後に盛岡に戻り「楽堂《らくどう》」と号して能楽に没頭し趣味人として晩年を過ごします。その住まいが盛岡天満宮⑤の東隣にあったため、頼まれて八

藤ヶ森跡付近の段々坂

雲神社の扁額に揮毫《きごう》しています。ご神体は山王社から移したもの。お堂も山王にあった杉の巨木を製材して普請したものだそうです。また本堂に登る石段は、仁王の旧新山小路にあった岩手山神社が移転する際に不用となった石段を貰い受けたもの。さらに、お堂の奥殿は旧盛岡高等農林の御真影（天皇の写真）を奉蔵していた総檜《ひのき》造りの神殿を払い下げたものだといいますから、目立たない割には逸話の多い神社です。

八雲神社からさらに北へ進めば、左手に盛岡市民にはお馴染みの天神さんが見えてきますが、右手に寄り道すると小さな鳥居が目に入ります。盛岡三十三観音、三十一番目の札所新庄観世音堂⑥です。加賀野の地名にゆかりのある加賀長者が、早世した娘を祀ったと伝えられています。その先の国道4号を横断した坂上に城東中学校⑦がありますが、そこも昔は不動明王が祀られていた神社の跡地だった所。近くの横断橋に「不動橋」の名を残しています。

盛岡天満宮と坂道を挟んだ山には昔、鹿島大明神のお社がありましたが、明治4年

④逸話の多い八雲神社

を明治四年（１８７１）に焼失。山は削られて天神町造成の土台となったそうです。「鹿島下」という旧町名だけが昭和の半ばまで残りました。小さな祠《ほこら》が天満宮境内に移されています。

多くの市民に親しまれてきた天満宮は、実に多彩な見所や逸話を有する神社です。幸い境内には丁寧な解説板が随所に設置されています。カメラとメモ帳をご用意の上、暖かくしてお出かけ下さい。

（２０１２年12月号）

＊山王美術館は残念ながら２０１４年に閉館、解体されました。

本宮界隈

大宮神社は元々蛇屋敷にあった

今年（2013年）は巳《み》年ですので「蛇」にちなんだ地名はないかと探してみるとありました。なんと盛岡市こども科学館の辺りが「本宮字《あざ》蛇屋敷」という住所なんですね。というわけで、さっそく本宮界隈を散策してみることにしました。

本宮は盛岡駅西口から雫石川にかかる杜の大橋を渡った先で、東西南の三方に展開する広大なエリア。界隈散歩などと言って気軽に「みちくさ」できるような街のサイズではありません。この数年、盛南開発によって市街化、宅地化が一気に進んだ所です。近年実施された新たな住居表示によって、それまであった多くの字名が整理され、新住所では本宮1丁目からなんと7丁目まで誕生しました。

旧本宮村が盛岡市に編入されたのは昭和16年（1941）。盛岡随一の美田が広がるのどかな田園地帯であった本宮の地には、蛇屋敷や荒屋の他に隠居、林古《はやしこ》、松幅、泉屋敷、大屋敷、小屋敷、石仏《いしぶつ》、熊堂、野古《のっこ》、水門、平藤《へいどう》等々、様々な物語、伝承、由来を窺《うかが》わせるような字名

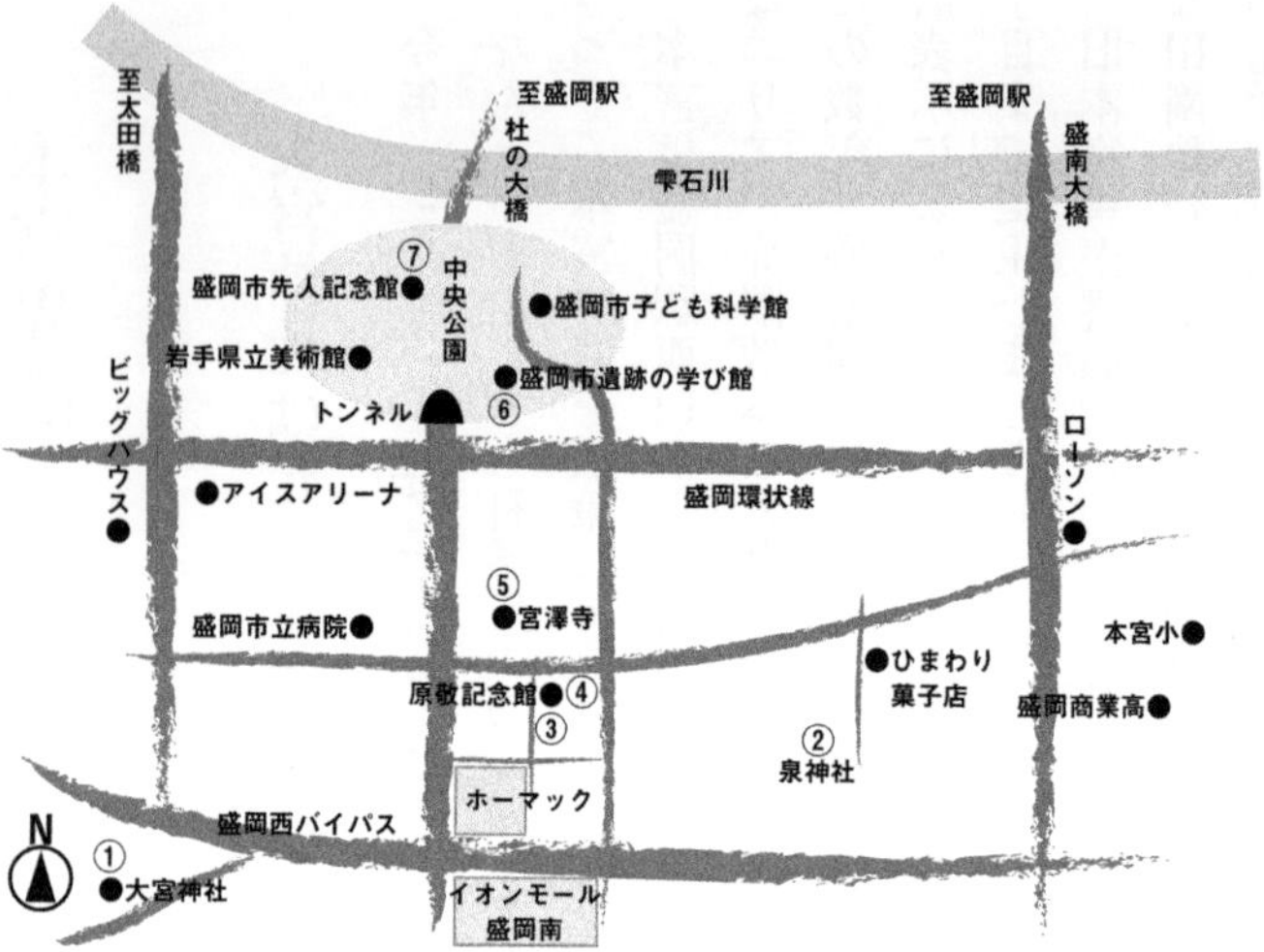

がいくつも残っていました。「本宮」の地名にしても、延暦《えんりゃく》年間（782〜806）、征夷大将軍・坂上《さかのうえ》田《た》村《むら》麻《ま》呂《ろ》が北方統治の拠点として志波城を造営した際、鬼門鎮護のため大宮神社を蛇屋敷の辺りに勧請《かんじょう》したのですが、度重なる雫石川の氾濫を避けて現在地①に遷座《せんざ》、元の社《やしろ》があった所を「元宮」と呼び、それが「本宮」の語源になったと伝えられているのです。「盛南○丁目」などとはせず「本宮」の名が残っただけでも良しとするべきかもしれません。幸い「小屋敷児童公園」「泉屋敷児童公園」等いくつかの字名が地域の公園などにその名残を留めています。

諸説ある泉神社

泉屋敷地区には泉神社②があります。伝承によれば、祠の裏にある花崗岩の墓石が、奥州平泉で源義経に忠節を尽くした泉三郎藤原忠衡《ただひら》の墳墓といわれており、古来この辺りにあったお屋敷が泉屋敷と呼ばれていたようです。一方では延暦年間、田村麻呂が蝦夷《えみし》との戦いで倒れた兵士を合祀した所との説もあります。いずれにせよ住人たちは境内に馬頭観音を奉納し、農耕への感謝や病気の平癒を祈願して何百年も守ってきました。

　泉神社から本宮の旧道に出て西に歩を進め、幅広い新道を横断すると左手に見えてくるのが、盛岡が生んだ平民宰相・原敬の生家と記念館③がある屋敷林です。この辺りの字名は「熊堂」。記念館の駐車場前に本宮地区活動センターが隣接していて、その敷地内に「本宮村　教育発祥之地」という石碑④が建っています。解説板には「太田代屋敷の跡」とあり、盛岡藩士の太田代直蔵という人が寺子屋を開き、郷土の師弟の教育に尽くし、明治になってこの地に本宮小学校が創設された事が記されています。原敬少年が最初に読み書きを習ったのもこの寺子屋でした。

　原敬生家は藩重役であった祖父が建てたものです。当初は約250坪の豪壮な屋敷でしたが、明治になって縮小さ

②泉屋敷の泉神社

れ、現在残っているのは屋敷の西南隅に当たる部分で往時の5分の1ほどですが、盛岡市有形文化財の指定を受けています。記念館では常設展示の他、切れ目なしに企画展や講演会などを実施しています。ちなみに現在は「原敬と原達《とおる》」～敬の俳句と甥抱琴《ほうきん》～という企画展が2月24日まで開催中です。

記念館の北側、字名「宮沢」の地には、名須川町にある古刹・東顕寺の末寺として寛永5年(1628)に開創された宮澤寺《きゅうたくじ》⑤があります。再三にわたる火災のため、貴重な文献や仏像、美術品などを消失しているのは惜しまれます。境内には文化9年(1812)と彫られた道標・百万遍供養塔があります。

③原敬生家と庭園

冬場の歴史散歩

荒屋、蛇屋敷の字名が残った中央公園に戻ると、荒屋には縄文時代の大集落「大館町遺跡」が再現されている「遺跡の学び館」⑥、蛇屋敷には盛岡ゆかりの先人130人を顕彰した「先人記念館」⑦があります。前者では現在「検証！　厨川柵《くりやがわのさく》」企画展が1月20日まで、後者では「盛岡の古町名展　仙北町・青物町」が2月17日まで開催中です。両館とも毎年この時期にはこうしたテーマの企画展が開催されています。寒くて足元も悪いこの時期は、こういう施設での歴史散歩もよろしいのではないでしょうか。

（2013年1月号）

前九年公園界隈

「前九年町」は非公式な町名だった

先ごろご案内した本宮界隈を舞台とした坂上田村麻呂の時代は延暦《えんりゃく》22年（803）頃でした。それから約260年後の康平《こうへい》5年（1062）、今度は本宮の対岸、厨川地区が朝廷軍対安倍一族の戦い「前九年合戦」の舞台となります。厨川といっても広いので前九年公園界隈にエリアを絞り込んで時空散歩をしたいと思います。

個人的な話で恐縮ですが「お前が3歳の頃、うちは前九年町に間借りをしていたんだよ」と早くから親に聞かされていたため、私は物心ついた頃からこの町名を、その名の由来も知らないまま憶えていました。ところが最近わかった事ですが「前九年」という歴史的な名称が正式に町名として取り入れられたのは、なんと私が高校生だった昭和41年（1966）、新住居表示法が施行された時だったのです。ではそれまで正式な住所はなんだったのかと調べてみると「狐森」でした。つまり「前九年町」と呼ばれていた一帯は、実は「狐森」「宿田」「権現坂」「舘坂」などの地名が正式な住所で、新住居表示法によってそれらが全部現在の「前九年1～3丁

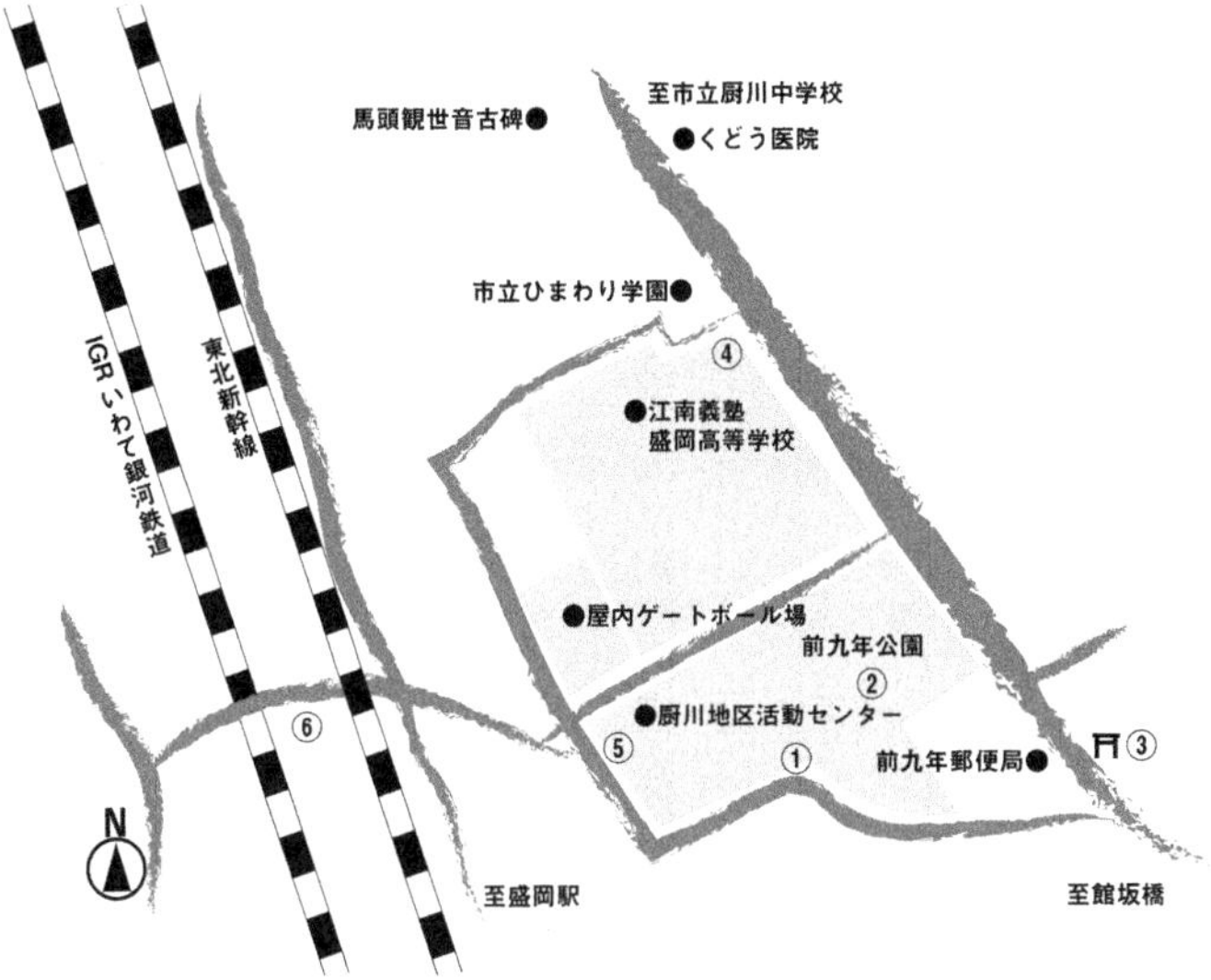

目」にまとめられたというわけです。

自前の町名由来板

「前九年公園」南側入口に「町名由来板」①があります。これは平成元年（1989）に地元の皆さんが建てた石碑です。当時の報道によれば『盛岡市内各地に設置されているような「町名由来板」を由緒ある前九年地区にも是非』と市に陳情したところ、「前九年は城下町でないから」との理由で断られたため自前で建てる事になり、結果として最も立派な由来板ができたのでした。建てたのは「前九年親交会」という実質的な町内会。同会が発足50周年を記念して建てたのです。由来板によれば、昭和15年（1940）にいくつもの地域をまとめて町内会を作り、初代町内会長さんの呼びかけでこの一帯を「前九年町」と呼ぶことにしたのだそうです。

町名由来板のある場所から町内の珍木「前九年の桧桜《ひば》」②を見上げながら公園を横断して、館坂橋と青山町を結ぶバス通りに出ると、その辺りが狐森地区です。前九年郵便局向いのバス停には道路に覆いかぶさるように枝葉を伸ばした巨木が立っています。有名な「狐森稲荷神社」のケヤキ③、樹齢約200年の保存樹です。この巨木を支える小山は「敵見ヶ森」と呼ばれてきた所。前九年合戦の際、安倍氏がここに櫓《やぐら》を組み、敵の動向を見張ったといわれています。敵味方数千の兵士が討ち死にした激戦地でもある事から、土地の人々が祠（敵見ヶ森稲荷）を建ててその霊を弔ったとも伝えられています。

公園前の町名由来板

下の橋から狐森へ

お稲荷さんを後にして、前九年公園の緑を左手に見ながら青山方面に歩を進めていくと、江南義塾盛岡高校のグラウンドと校舎が見えてきます。江南義塾は旧制中学に進学するための予備校として明治25年（1892）に創設された古い学校で、構内には同窓生でもある石川啄木の歌碑④が建立されています。現在、公園と高校、市営アパート、屋内ゲートボール場などの敷地になっているこの広大な場所、ご記憶の方も多いと思いますが、ここには昭和47年（1972）頃まで盛岡少年刑務所（現在は上田字松屋敷）がありました。河南地区の大半を焼き尽くした明治17年（1884）の大火の火元が下の橋近くの盛岡監獄だったのは有名な話ですが、全焼した監獄の新築移転先として選定されたのが狐森だったのです。約200メートル四方の敷地を分厚いレンガ塀で囲んだ頑丈な刑務所が完成したのは明治21年（1888）でした。高校のグラウンドと前九年公園の間の路地を進むと厨川地区活動センターがあり、左に曲がると赤レンガ塀跡⑤が保存されています。その内側には、この地に監獄を再建した経緯と意義について記された大きな石碑が建っています。そのレンガ塀の所から西を遠望すると大新町に抜ける橋が見えます。これは旧JR東北本線上に架けられた跨線橋⑥で、昔は「監獄橋」と呼

厨川地区活動センター横の赤レンガ塀

ばれていたのですが、イメージチェンジということで現在は「ふれあい橋」と名づけられています。

前九年公園には見事なシダレザクラをはじめ多彩な樹種が植栽されております。春になったらぜひ足をお運び下さい。

（２０１３年2月号）

岩手公園散策

城下もりおか歴史散歩の起点

現在は盛岡市に移管されている岩手公園に「盛岡城跡公園」の愛称がつけられたのは、開園100周年を迎えた平成18年（2006）の時でした。それ以来、随所でこの愛称が用いられているようですが、ここでは「岩手公園」として開園した明治39年（1906）以降の、知る人ぞ知る物語を辿《たど》りながらの散歩ですので、敢えて正式名称の方を使わせていただこうと思います。

外郭まで含めた総面積約9万坪に及ぶ盛岡城は、明治維新までの約270年間、藩政の中心を成していたわけですが、戊辰《ぼしん》戦争の敗戦によって明治政府軍の所管となります。今でこそ、桜、ケヤキなど緑豊かな樹林風景を見ることができますが、藩政時代の図面を見れば、御台所だった広場はもちろん、本丸、二の丸、三の丸には、城門や諸役所、土蔵、櫓《やぐら》、書院など多くの建物が建っていたことがわかります。それら城内の建物が明治7年（1874）には殆ど取り壊され、すっかり荒廃してしまいました。

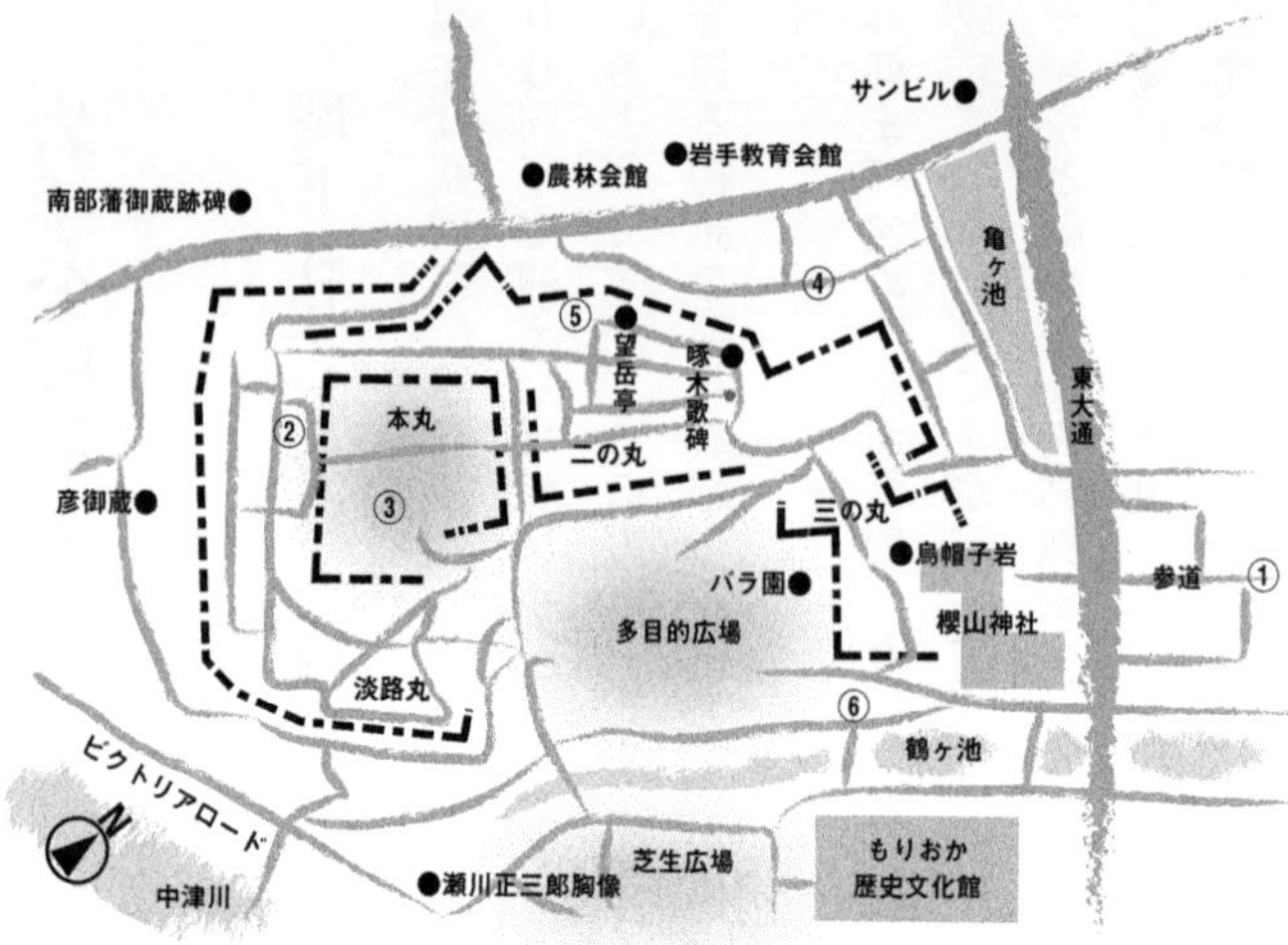

何もなくなった城跡でしたが、明治23年（1890）、南部家は四千円で縁故払い下げを受けています。『もりおか物語』（熊谷印刷）の9巻第1章「盛岡城付近」の項では「明治35年（1902）ごろはまだ公園として整備されていなかったンですナ。狐だの狸の住むほんとうに荒れた藪《やぶ》でごあンした」と古老が語っています。明治34年（1901）、盛岡中学校の教室を抜け出して、その荒れた城跡の草むらに寝転び「十五の心を空に吸われ」ていたのが少年啄木だったわけです。

利祥《としなが》公が無償貸与

内丸の県庁側から参道を進み、櫻山神社経由で公園に入ってみましょう。一の鳥居をくぐり「岩手公園」と刻まれた石碑①を右手に、亀が池の畔に建つ時鐘を左手に見ながら、二の鳥居をくぐります。ここに大手門である綱御門がありました。

岩手県が南部家から30年間の無償貸与を受け、この城跡を公園として整備したのは明治39年（1906）、日露戦争が終わった翌年です。公園整備は県の失業対策事業でもありました。県は近代公園の先駆者である長岡安平に設計を依頼、4月から延べ2万6千人の職工や人夫を雇用して桜や梅、紅葉などの植栽、花壇や藤棚の整備、8か所の四阿《あずまや》、石段②や橋の建設、運動場の整地などを実施、9月15日開園にこぎつけたのでした。岩手、不来方《こずかた》、盛岡、内丸、双鶴《そうかく》の名称候補を検討した結果、「岩手公園」と命名しました。開園式では楽隊演奏や神楽、獅子舞、さんさ踊りなどで盛大に祝い、屋台も出て賑わったそうです。県の公園計画に「県民の幸福に役立つのであれば」と無償貸与を快諾してくれたのが、家督を継いだばかりの42代南部利祥公

②③本丸石段と在りし日の南部中尉銅像

でした。

開園2周年にあたる明治41年（1908）9月15日、本丸跡③において日露戦争で戦死した南部利祥中尉の銅像除幕式が挙行され、その2週間後、銅像の前にはご学友であった皇太子殿下（大正天皇）の佇《たたず》む姿がありました。この年、三の丸の石垣の下④に、後に漫画「六三四《むさし》の剣」の舞台となる柔剣道場「武徳殿」も建設されます。

しかし、銅像は太平洋戦争中の金属供出で昭和19年（1944）に、武徳殿は公園の緑地化のため昭和57年（1982）にそれぞれ姿を消してしまいます。

⑤二の丸、望岳亭付近の「五訓の森」碑

五訓の森

二の丸に啄木の歌碑、新渡戸稲造の記念碑があるのは良く知られていますが、岩手山を遠望できる望岳亭《ぼうがくてい》の近くに意外に知られていない「五訓の森」という碑⑤があります。これは昭和

7年（1932）4月24日に開催された軍人勅諭《ちょくゆ》下賜《かし》50周年祝典の名残です。五訓とは明治天皇が軍人に忠節・礼儀・武勇・信義・質素という五つの徳目を説いた訓令の事で、下賜50年の節目を祝い、それらの徳目を象徴する木を植樹したのです。植えられたのは、忠節の赤松、礼儀のヒノキ、武勇の山桜、信義の杉、そして質素の銀杏の5本。帝國陸海軍は解体されましたが、樹木はちゃんと生育しているようです。お花見はまだだいぶ先ですが、お出かけの節はついでに五訓の森もご覧下さい。

鶴ヶ池畔に動物園があったことも、熊や鹿、サル、タヌキなどの放つ異臭と共に懐かしく思い出されます。その跡には「日本の都市公園100選」の碑⑥が立っています。

（2013年3月号）

ビクトリアロード散策

新市民歓迎の散歩コースご案内

新年度が始まりました。この春から転勤や進学で盛岡に移り住み、新生活をスタートされた方もいることでしょう。今回はそうした新市民を歓迎する意味で、まずは都心を流れる盛岡市民自慢の清流中津川を眺めながらビクトリアロードをご案内することにしましょう。

スタート地点は内丸の盛岡市庁舎正面向って左側にある与の字橋の畔《ほとり》です。

英文『武士道』の著作で世界的に知られる新渡戸稲造《にとべいなぞう》が生まれた街・盛岡市と、太平洋会議出席中に客死した街・ビクトリア市（カナダ）が、その縁《えにし》で姉妹都市提携を結んだのは昭和60年（1985）ですが、後に提携10周年を記

ビクトリアロードと瀬川正三郎像

念して整備されたのがビクトリアロードです。案内板には、この道が中津川沿いに盛岡市役所、盛岡城跡公園を経由して新渡戸稲造生誕の地に至る、延長830メートルの散歩道であると説明されています。すぐそばにちょっと難しそうな顔をした新渡戸博士の胸像①が建っています。ここを起点としてビクトリアロードの散策が始まります。

内丸という地名からもわかるとおり、この地区はお城の外堀の役目も担っていた中津川の内側で、東京でいえば「丸の内」。藩制時代には南部家の親族や家老クラスの重臣屋敷が並んでいた所です。明治以降は官庁街として岩手県の心臓部となり現在に至っています。

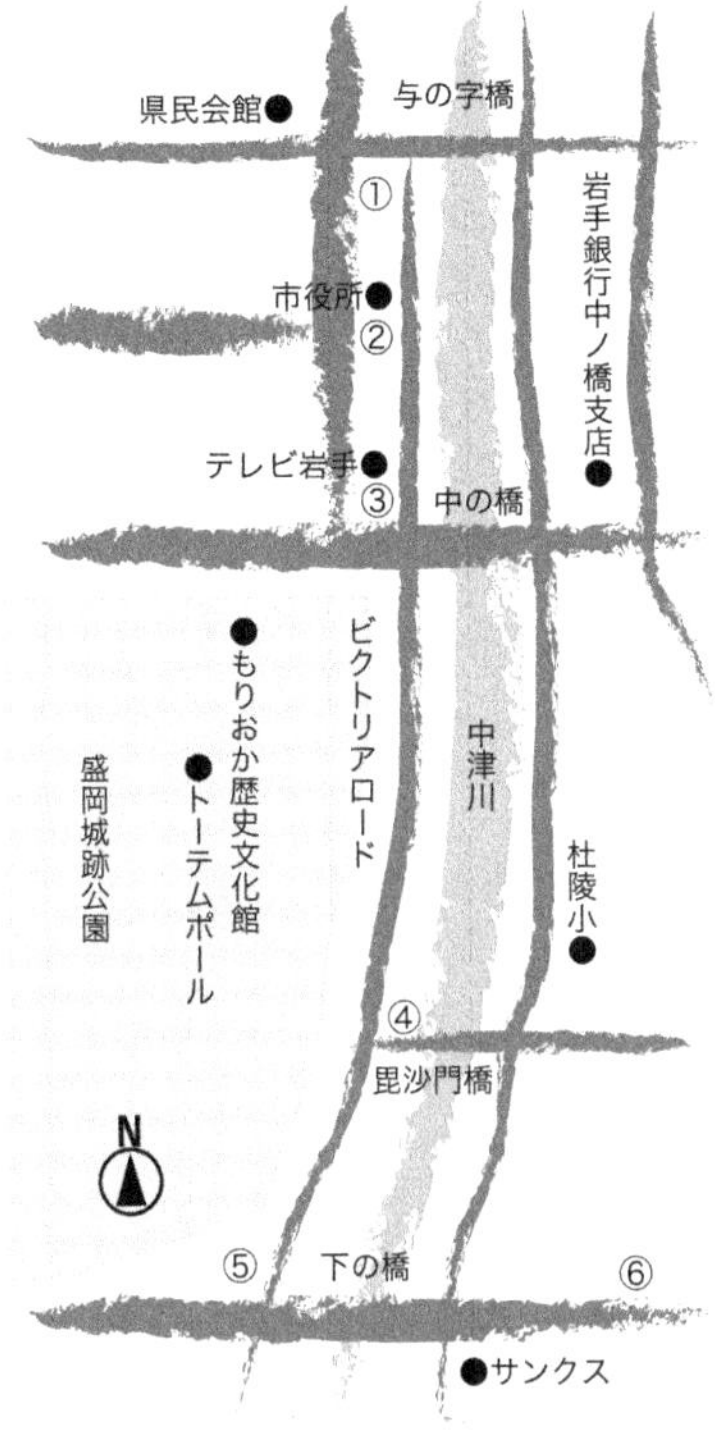

市庁舎の裏手には彫刻「笛を吹く少年」像②、テレビ岩手裏の庭園にもブロンズ像「杏《あんず》」③が散策する人の目を和ませてくれます。これらは旧制盛岡中学出身の文化功労者・舟越保武の作品です。こ

の辺りには明治から昭和中期まで料亭や洋食店があり、政財界人や高級官僚達の社交の場になっていました。

交通量の多い中の橋の通りの横断を避けて石段を降り、橋の下をくぐりましょう。

中の橋は27代南部利直公によって慶長16年（1611）に架橋されたのが最初で、度重なる洪水による流失を経て明治45年（1912）に洋式の橋に、さらに昭和31年（1956）、現在の橋に架け替えられました。

岸辺から再びビクトリアロードに戻りますが、眼前に広がる芝生公園は、やはり重臣屋敷や隠居した側室方の隅御殿などがあった所です。維新後は起業の拠点となる勧業場が置かれ、製糸所、陶器所、製紙場、物産陳列所、機業所などが配置されました。明治9年（1876）には東北行幸中の明治天皇が視察しています。私の記憶に残る昭和30年代には、岩手日報旧本社、ラジオ岩手（現岩手放送）、貯金局などがありました。

⑤下の橋教会と擬宝珠

南部家の「向い鶴」紋を背もたれにあしらったベンチとユリノキの並木が終わる辺りに歩行

者専用の毘沙門《びしゃもん》橋④があります。昔、毘沙門淵と呼ばれた水辺では、切支丹《キリシタン》が杭に縛られ水責めにされたと伝えられています。この橋の畔にはサンコさんの愛称で慕われ、「盛岡の慈父」として敬愛された瀬川正三郎の胸像があります。

お城の石垣を間近に眺めながら進むその先に、広い玄関の古い建物があります。これは大正から昭和にかけて一世を風靡した花街の女傑・大村タマゆかりの旧大村旅館です。さらに歩を進めると、今度はフェリス女学院創立者であるメアリ・キダー宣教師ゆかりの下の橋教会⑤が見えてきます。そして中津川三橋の最後、慶長17年（1612）に架橋された下の橋。とんがり屋根の教会と下の橋の擬宝珠《ぎぼし》が不思議な景観を作っています。元々、下の橋に擬宝珠はなく、中の橋が洋橋に架け替えられた際に移されたもので「中の橋」と刻銘されているのが読み取れます。

橋を渡ると間もなくビクトリアロードの終点「新渡戸緑地」⑥に到着です。稲造少年は勉学のため上京する明治4年（1871）まで鷹匠《たかしょう》小路と呼ばれたこの地で過ごしま

⑥新渡戸緑地

した。
　短い散策路ではありますがこのビクトリアロード、四季折々の自然と積み重なった物語をお楽しみいただけると思います。来年は姉妹都市提携30周年ですね。

（2014年4月号）

茶畑・中野界隈散策

中野は盛岡築城以前からあった古地名

5年ほど前に東北堂さんで出していただいた拙著『もりおか歴史散歩旧町名編』の「旧上小《わこう》路《じ》界隈」の中で「現在、この旧上小路界隈は茶畑○丁目、中野○丁目に変わっています。決して城下町風な町名ではありませんが、これはこれで歴史のある地名なのです。」と書きました。今回はその茶畑、中野地区をあらためてご案内したいと思います。

散歩のスタートは松尾神社①からにしましょう。その神社名からてっきり松尾町に属するとばかり思っていましたが、意外にもここは「茶畑1丁目1番地」なんですね。

しかもこの高台は、26代南部信直の家臣・中野吉兵衛康実《やすざね》が住まっていた「中野館」があった所でもあるのです。吉兵衛康実という人は、秀吉の支援を受けた信直によって滅ぼされた九戸政実の実弟。兄を裏切り南部側についてこの「中野」の地を拝領し、その地名を姓としたのです。信直が盛岡に居城を移すのはその後ですから、「中野」は盛岡に城下町が出来る以前からの古地名だったわけです。

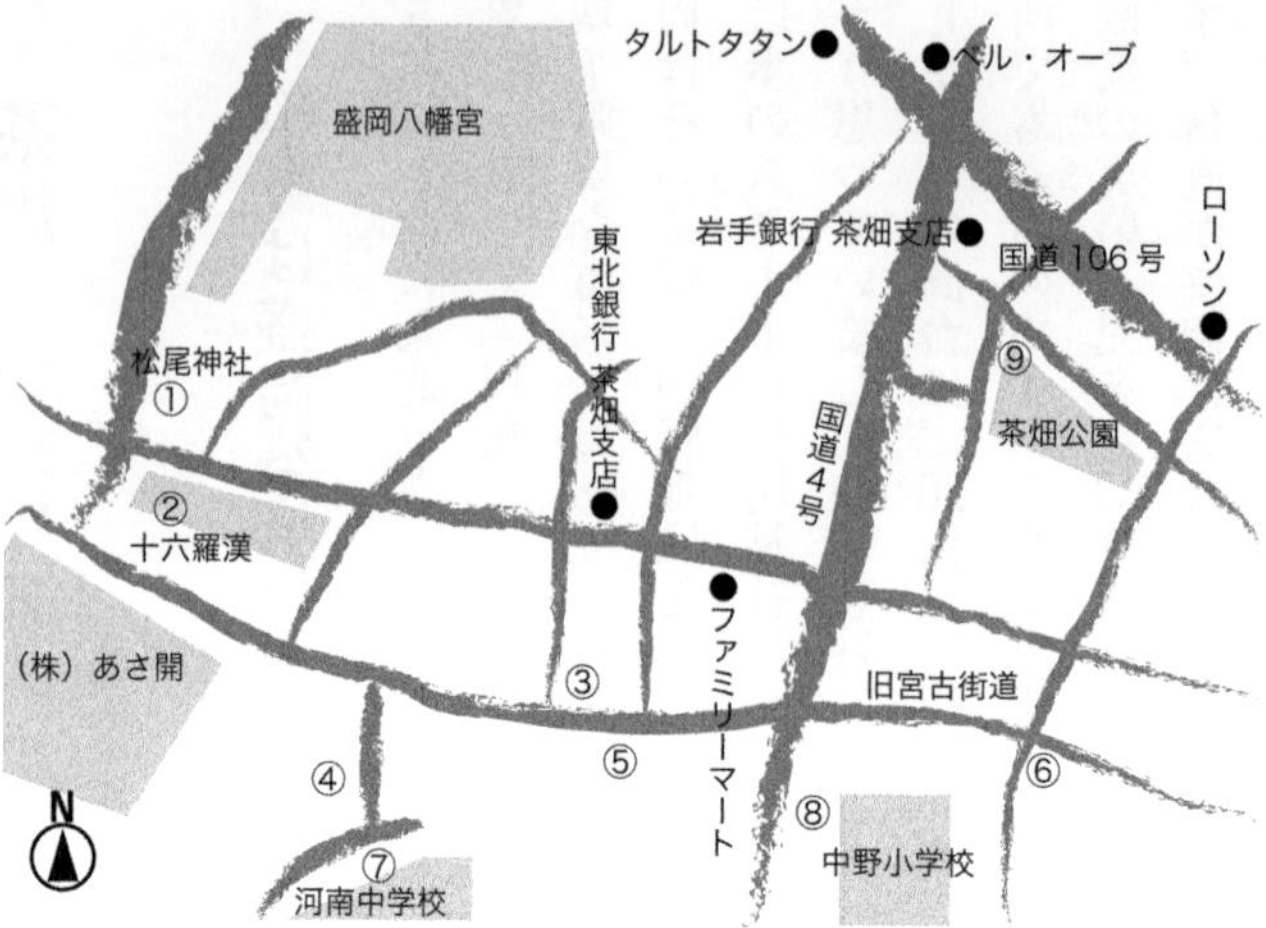

この地に松尾神社が建つのは元文5年（1740）、33代利視《としみ》公の時代です。領内の酒造家が勧請《かんじょう》した松尾神社は酒の神様を祀るお社。南部杜氏たちはこの神前で身を清めてから酒造りに取り掛かったといわれています。

松尾神社と道を挟んだ南側に「らかん公園」②があります。園内には十六羅漢と五智如来の石像が、穏やかなまなざしで園内で遊ぶ子供たちを見守っています。詳しい解説は現地の案内板で確認できますが、ここは宗龍寺というお寺の境内だったところで、明治17年（1884）の河南大火で寺が焼失、石像だけが残ったわけです。居並ぶ石仏を眺めていると、四大飢饉の夥《おびただ》しい犠牲者達、その魂を慰めようと基金を出し合った人々、飯岡山から巨大な石塊を切り出しここまで運んだ石工達やその石に魂を彫り込んだ仏師達など、無数の人々の思いが伝わってきます。

らかん公園から南につきあたると「あさ開酒造」。そこを左折して東向きに延びる道が旧上小路すなわち旧宮古街道です。道の途中に「町名由来案内板」③が見えてきます。藩制時代この沿道は「上《わ》小《こう》路《じ》組町《くみちょう》」といい、警備担当の「同心」という役人達が住んでいました。いまその佇《たたず》まいは殆どなく、ゆるいカーブを描く狭い道に往時のイメージを重ねるのみです。それでもこの道沿いにはレトロな銭湯「菊の湯」④や市指定保存建造物「塩重商店」（現米重商店）⑤、さらに国道4号を横断した中野1丁目の先に見えてくる大きな木造の屋敷「吉田邸」⑥など、この界隈独特の風情を演出する建物が点在していて散歩心をかきたてます。「菊の湯」の先の河南中学正門を入った所には、幕末期この辺り一帯に「日新堂」という西洋学問所があったとする碑文⑦も建てられています。

話は「茶畑」の地名に戻りますが、この名の起こりは慶長年間（1600年前後）、26代信直公の時代、京都から

①松尾神社

宇治の茶を運んできた茶商がそのまま雇われ、城下でも比較的温暖で肥沃な地といわれた当地に茶畑を作ったことに由来しています。その頃植えられたとされる樹齢400年余の「オチャノキ」が中野小学校⑧そばの古澤家の庭に現存し、市の保存指定を受けています。中野小学校の敷地はまた、古澤林《ふるさわはやし》が明治5年（1872）、横浜から西洋リンゴの苗を持ち込み植栽した「盛岡りんご発祥の地」でもあり、近くの茶畑公園には栽培百周年記念碑「芳香百年」⑨が設置されています。

茶畑界隈にはもう一つ記憶されるべき物語があります。八幡宮の森の裏は昔「山蔭《やまかげ》」といわれましたが、天保年間（1830年代）、藩の肝いりで九州・唐津から陶工を招聘し、この地に窯場や住居などを作って住まわせ「山蔭焼」製作を始めたのです。凶作が続くなどして資金不足となり計画は頓挫してしまいましたが、そこで製造された優れた作品がいくつか残っているそうです。

洋学の日新堂といい、お茶やリンゴの栽培といい、明治30年代に高等農林学校の盛岡設置が

⑤塩重商店

決まった折、この地区が上田地区と激しい誘致合戦をしたのには、それなりの理由があったわけですね。もしかすると河南中学や神子田の朝市のあたりが「岩手大学」になっていたかもしれないなどと想像すれば、散歩もまた楽しくなるというものです。

（2014年6月号）

みたけ・月が丘界隈散策

お狩り場、練兵場、開拓地を経て新市街地に

もうすぐ69回目の終戦記念日です。戦前の盛岡には現在の青山2丁目を中心に、騎兵第三旅団や第八工兵大隊など約3千人の軍人が駐屯していました。盛岡の中の「軍都」と言われた現青山地区については､以前にもこの欄の「青山町界隈」（P22～26）の項でご案内しましたので、今回はその隣接地「みたけ・月が丘界隈」を散策したいと思います。

散策とはいうものの「みたけ・月が丘界隈」は、歩いて廻るにはあまりにも広すぎます。見どころはあるのですが面にも線にもなっておらず、点をつなぐしかありません。今でこそ生活環境豊かな住宅街に生まれ変わっていますが、なにしろ約70年前までは殆どが一面の原野で、旧陸軍の練兵場だった広大なエリア。移動手段としては自転車かクルマを使わざるを得ません。ざっとこの地区の歴史を辿《たど》ってみましょう。

約950年前の康平《こうへい》年間、源頼義と安倍一族が戦った前九年合戦の頃はこの一帯も戦場だったという伝承があり、お隣の滝沢市穴口付近には敵の耳を切り取って集めたといわれる「耳取

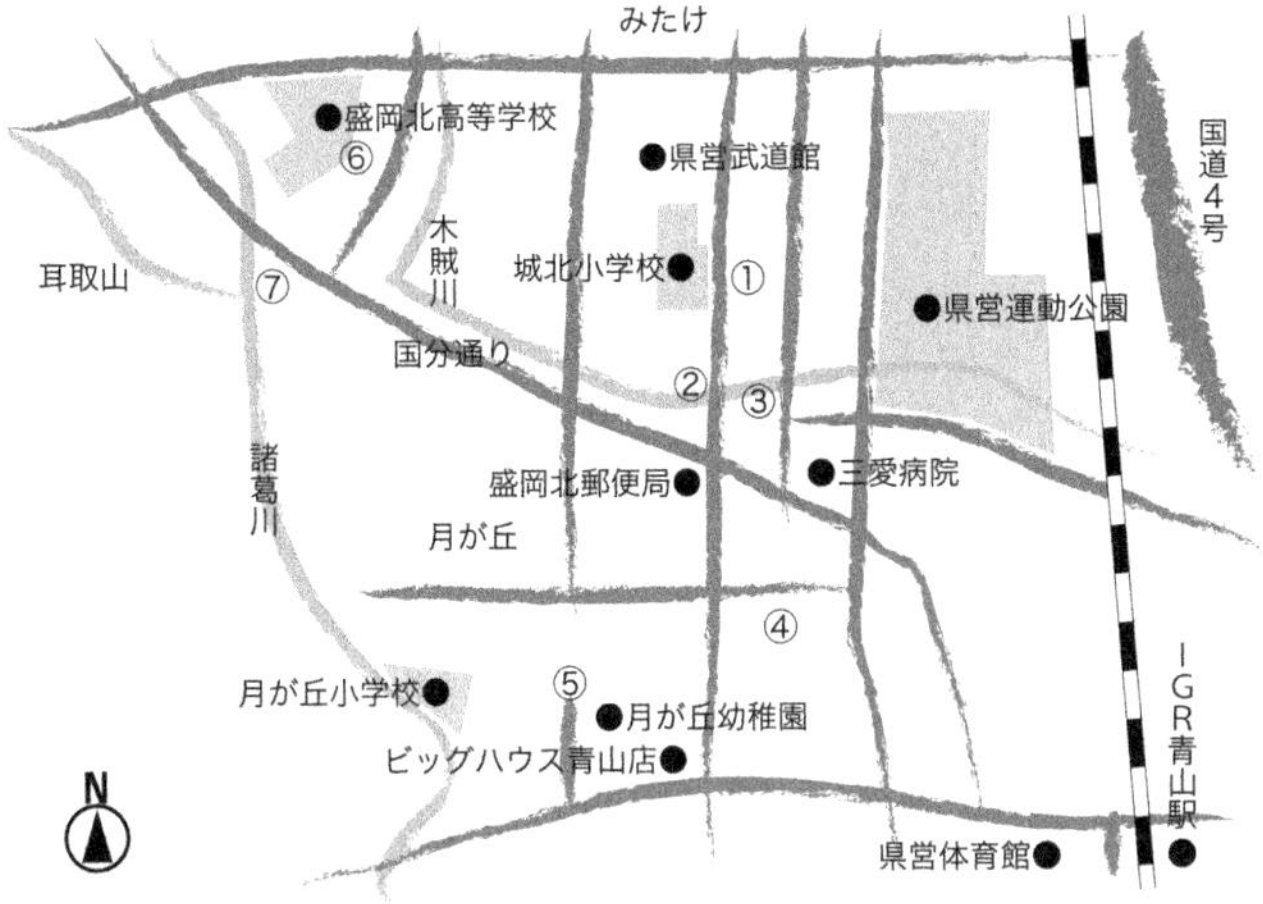

山」なる地名も残っています。火山灰地のため水田として開墾されず、戦国の気風がまだ残っていた藩制時代前期には、陣立ての訓練を兼ねた鷹狩りが頻繁に行われました。南部28代重直公の時代を中心に、度々大掛かりな狩りがこの地で実施された記録があり、特に現在の盛岡北高、いわて生協牧野林店辺りには大喰堤《おおばみつつみ》という巨大な堰堤を築き、将軍家に献上する白鳥や鶴などを呼び寄せ捕獲したと伝わっています。明治期後半には現青山地区に旧陸軍が駐屯し、その北の木賊《とくさ》川沿いに広がる原野は恰好の練兵場として活用されました。昭和10年（1935）以降、騎兵旅団や工兵連隊を満州に送り出した後は、戦車隊、通信教育隊、航空教育隊などが置かれ、戦車や飛行機による近代戦の演習場へと移り変わりました。現運動公園前には飛行機

の滑走路があったのだそうです。

敗戦後、広大な演習場跡には食糧難解消の拠点を作るためいち早く引揚者、復員軍人などで構成された農地開拓団が組織されましたが、占領軍の射爆場や軍用飛行場予定地となって米軍から締め出しを食らった時期もあったそうです。そうした苦労を経て開墾が進められ酪農や蔬菜の収穫を見るようになった開拓地も、昭和45年（１９７０）に開催された岩手国体の主会場となる運動公園完成に伴ってまったく違った街区になりました。その後「みたけ・月が丘」となって現在に至る変貌振りはご承知の通りです。

お狩り場、練兵場、開拓地、新市街地と変遷を重ねてきた「みたけ・月が丘界隈」。冒頭にも記述したように見どころが点在しているため、あまり効率的な散策コースを描くことが出来ません。マップ上に記したポイントを番号順にご案内しましょう。

まずは、そうした時代の変遷を一ヶ所で見て取れる城北小学校前バス停①に足を運びましょう。

①城北小前の観武ヶ原石碑群

ここには、明治41年（1908）、工兵大隊の演習を観閲した皇太子（後の大正天皇）が、この地を「観武ヶ原《みたけ》」と命名された旨が記された元老山縣有朋《やまがたありとも》撰文の碑。昭和になって設置された燕《つばめ》航空部隊発祥地の碑。そして戦後の農地開拓団の血と汗の記録を顕《あらわ》した観武ヶ原開拓の碑などが建立されています。戦前の地図を見ると木賊川には突撃橋、突貫橋などの橋が架かっていました。さすがに現在、突撃橋は城北橋②と改称していますが、突貫橋③は現存しています。月が丘1丁目には「戦車山跡」のパネル表示④もあります。

月が丘2丁目には「大元帥陛下御野立所聖跡」と彫られた石塔⑤があります。昭和3年（1928）、観武ケ原を中心に実施された陸軍特別大演習への昭和天皇臨戦を記念したもので、御野立所とは天皇の休息所の意。また、木賊川と平行するように国分通りという幹線道路が走っていますが、この道は練兵場に隣接していた旧国分農場に通じる道。この農場主こそ戦後初の民選知事で「農民知事」の異名で親しまれた国分謙吉（1878〜1958）です。そ

⑥国分謙吉記念碑（後は盛岡北高）

の農場も今は国分団地という住宅街になっており、団地内に彼の記念碑⑥が建っています。国分通りの西側にある穴口公葬地には国分夫妻の墓所⑦があります。

城下町散策とは趣きの違う歴史散歩もたまにはいかがでしょうか。

（2014年8月号）

盛岡農学校物語

県内最古、盛岡農学校の時空間散歩

今回の歴史散歩は、いつものようないわゆる「界隈散歩」ではありません。盛岡農学校（現岩手県立盛岡農業高校）の長い学校史をひもとけば、とても割り当てられている文字数と1枚の地図上では収まりきれない時間と空間の変遷があり、サブタイトルをつけるとすれば「盛岡農学校に関わる時空間散歩」というのがふさわしいかもしれません。

私はこれまで、岩手における高等教育のさきがけはてっきり明治13年（1880）に開校した「公立岩手中学」（後の盛岡中学、現在の盛岡一高）だと思っていました。ところが最近になって県内最古の公立学校が盛岡農業高校の前身である「獣医学舎」であった事を知りました。公立岩手

盛岡農学校菜園校舎

中学開校の1年前、すなわち明治12年（1879）8月、現在の盛岡市玉山区藪川に開設された県営外山牧場内に開校していたのです。本州で最も寒い所が岩手の高等教育発祥の地だったのです。記録によれば開校当初の生徒は3名だったそうです。確かに外山地区は牧畜や獣医育成の場として実践的なロケーションかもしれませんが、生徒どころか教師を集めるのも苦労しそうな厳寒の地。翌明治13年（1880）の11月、学舎は盛岡市内丸にあった勧業場に移転してしまいます。藩制時代から南部の地は馬産が盛んでしたから、岩手県となった後も馬産を中心とした牧畜は重要な産業として位置づけられ、それに欠かせない獣医の育成が急務だったのでしょう。名称も「岩手獣医学校」と変わります。

菜園の実習田（後ろは盛岡城跡）

明治32年（1899）には、新しい農業技術と畑作経営を学ぶ目的で設立されていた「岩手農事講習所」と統合、校名も「岩手県立農学校」と改まって菜園に校舎を新築移転、農科100名、獣医科60名の定員で菜園校舎時代がスタートします。大正12年（1923）には「盛岡農学校」と改称されます。校舎と実習農園があった場所は現在の菜園地区、カワトクから映画館通りに至る一帯です。

この辺りは幕末期、南部38代利済《としただ》公が、それまでの野菜畑や藩士の屋敷などをつぶして遊園地を造成、「曲水亭」なる茶屋や「蓬莱《ほうらい》馬場」があった所で、明治維新後は岩手の馬産振興、品質改良を目的として馬場跡に一周約８００メートルの競馬場が開設され、盛岡初の競馬レースが開催された場所でもあります。

当時の農学校実習田の写真を見ると、競馬場だった頃の白い柵が残っているのがわかります。野村證券盛岡支店の映画館通り側に「この地に岩手県立盛岡農学校ありき」と記された碑があります。卒業生である元県知事、故中村直氏の揮毫によるものです。

歴代校長の中に藤根吉春がいます。札幌農学校を卒業し、同郷の先輩である新渡戸稲造のもとで台湾の農業試験場長などを歴任した農業教育者でした。

大正４年（１９１５）、県知事に招聘されて盛岡農学校

県立農学校記念碑

の校長に就任します。生徒たちからブルドッグとあだ名された強面《こわもて》の名校長は、昭和6年（1931）まで実に16年間も在籍し、その豊富な知識と情熱、質実剛健の気風を生徒たちに注ぎ、現在に受け継がれる優れた盛岡農高の校風を確立しました。

農学校は菜園に30年間学び舎を置きましたが、昭和になるとこの地域一帯の再開発が始まり、市街地化が進むのに伴い移転することになります。移転先として黒石野派と川久保派に別れましたが、結局、川久保（現在の盛岡四高所在地）への新築移転が決定、ちょうど開学50周年の年にあたる昭和4年（1929）から新校舎での学校生活がスタートします。

盛岡農業高校川久保校舎

この川久保校舎時代に「北上川渡舟遭難事故」という悲劇が起こります。昭和14年（1939）10月2日の午後、北上川対岸のたたら山麓にある同校実習園で麦播きの実習を終えた2、3年生が、帰校のため乗船した渡し船が転覆、50名が川に流げ出され10名が帰らぬ人となったのです。当時の新聞は「月下必死の捜索」「工兵隊も応援」

などと連日大きく報じています。昭和63年（１９８８）10月2日には遭難現場付近の北上川畔に犠牲者10名の名を刻んだ「渡舟遭難50回忌慰霊碑」が建立されました。

川久保校舎時代は昭和40年（１９６５）までの36年間ですが、その間に太平洋戦争、戦後の農地解放、食糧難、そして学制改革など盛岡農学校を取り巻く環境も大きく変わります。県立盛岡農業高校と改称されてからは、時代の要請に添いながら教科の改編に取り組み拡充してきました。昭和41年（１９６６）4月、川久保の地を盛岡四高にバトンタッチして移転した先は、その3か月前に冬季スケート国体の会場として使用されたばかりの広大な新天地。現在の滝沢市砂込地区ですが「滝沢分かれの辺り」と言った方がピンとくる方が多いようです。

（２０１４年10月号）

渡舟遭難慰霊碑

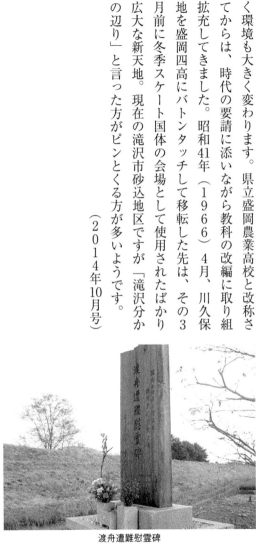

東京都心の盛岡歴史散歩

日比谷線沿線に多い盛岡ゆかりの見所

「よもやま話編」というサブタイトルはなかなか便利でして、時間だけではなく空間もかなり飛躍できることになっています。というわけで今回の歴史散歩は、盛岡を飛び出し東京都内に点在する盛岡ゆかりのスポットのご案内です。近々、東京にお出かけの予定がある方は、せっかくですから少しでも時間を作って盛岡ゆかりの都内歴史散歩をお楽しみ下さい。

毎年12月になれば話題になるのが「忠臣蔵」です。日本人は赤穂浪士の話が好きなんですね。この物語の中で映画や講談などに必ず登場するのが、討ち入りの直前、大石内蔵助《くらのすけ》が亡君の正室だった瑤泉院《ようぜんいん》を暇乞《いとまご》いに訪れる「南部

港区南麻布の南部坂上

坂雪の別れ」の名場面です。「忠臣蔵」に出てくる「南部坂」は港区赤坂の氷川神社付近にあります。浅野家断絶後、瑤泉院が身を寄せていた実家に通じる道が元南部家中屋敷横の坂道だったというわけです。

都内には「南部坂」がもう一ヶ所あります。それは同じ港区内の南麻布、有栖川宮《ありすがわのみや》記念公園横の坂です。これはこの場所が明暦2年（1656）から明治維新まで南部家下屋敷だったことからそう呼ばれているものです。28代南部重直公晩年の頃からということになります。以後、40代利《とし》剛《ひさ》公まで南部の殿様は、この下屋敷を江戸における別荘として使用したのでした。最寄りの駅は地下鉄日比谷線の広尾駅です。今回はこの日比谷線に沿った南部家ゆかりの場所をご案内しましょう。

旧南部家下屋敷があったこの公園、坂に沿っていることからもわかるように、起伏に富んだ緑豊かな庭園で大きな池も配置され都心の憩いの場になっています。6・7ヘクタールという面積は、盛岡城跡公園の三分の二にも及ぶ広

有栖川宮公園（元南部家下屋敷）

さです。園内には都立図書館もあり、その前庭には盛岡ゆかりの彫刻家・舟越保武作の「笛吹き少年の像」が設置されています。ちなみに同じタイトルの像が盛岡市庁舎の裏にもありますが、前者は縦笛、後者は横笛です。この辺りは住居表示法が施行される昭和40年前後まで「麻布盛岡町」と呼ばれた所で、今でも公園脇の交番には「盛岡町交番」の表示があります。

日比谷線広尾駅の次は六本木駅ですが、この駅と次の神谷町駅のほぼ中間点、麻布小学校や六本木ヒルズのすぐ近くに200坪足らずの小公園があります。「横川省三記念公園」です。横川省三は盛岡出身のジャーナリスト、というよりは日露戦争の初期、対露破壊工作を謀《はか》り、旧満州ハルピンにおいてロシア軍により逮捕銃殺された烈士として顕彰されている人ですが、その遺族によって寄贈された住居跡地を活用した公園です。現在そのすぐ近くにロシア大使館があるのですから皮肉なものです。

神谷町駅を降りて徒歩数分、見上げればそこには東京タワー。その真下に金地院《こんちいん》という南部

盛岡町交番

家の江戸における菩提寺があります。江戸時代、大名の正室や嫡男《ちゃくなん》は人質として江戸屋敷にいなければならず、奥方様の多くは南部家に嫁いでいながら盛岡の地も岩手山も見ることなく一生を終えることになります。若様や姫様の多くも成人しないまま早世するケースが多く、南部家では亡くなった親族を金地院に葬ったのでした。金地院は臨済宗南禅寺派に属する徳川家康開基とされる名刹で、墓所には累代南部家正室の立派な墓石が並んでいます。また早世した童子墓所もあります。

神谷町駅から霞ケ関駅、日比谷駅と続きますが、次の目的地である日比谷公会堂方面に行くには霞ケ関駅で下車した方が近いかもしれません。広い日比谷公園の中の内幸町通りに面した一画こそが、南部家上屋敷があった場所とされています。現在の日比谷公会堂、日比谷図書文化館のあたりです。参勤交代では、盛岡城を出た大名行列が約2週間かけて江戸城桜田門外にあるこの上屋敷に到着し、留守を守っていた正室や嫡男と1年ぶりの再会を果たすわけです。いまでは古い井戸の跡が残っている他に面影はありま

金地院・南部家墓所

せん。「南部亭」という仏蘭西《フランス》料理店が園内にその名残を留めています。
お時間のある方はいま一度日比谷線に乗り、一気に南千住駅まで足を延ばしてみませんか。同駅南口にある延命寺という寺の境内は時代劇によく出てくる「小塚原《こづかっぱら》刑場」があった所です。近くにはここで処刑された人を弔うために創建された南千住回向院《えこういん》があり、吉田松陰、橋本左内、ねずみ小僧次郎吉達の墓と並んで、津軽公暗殺未遂の罪で文政5年（1822）に処刑され、当時は江戸中で「みちのくの忠臣蔵」と評判を呼んだ元南部藩士・相馬大作（下斗米秀之進）の墓と供養碑が建っています。赤穂義士ならぬ南部義士の墓前にお参りして日比谷線沿線駆け足散歩は終わりとなりますが、いかがでしたか？　まだまだ東京には盛岡ゆかりの場所がありそうですね。

（2014年12月号）

南千住の相馬大作供養碑

続・東京都心の盛岡歴史散歩

盛岡ゆかりの場所が点在する文京区

前回はこのシリーズ初の試みとして盛岡市内の散策ではなく、東京都内に点在する盛岡ゆかりの場所をご案内いたしました。これが意外に好評でしたので続編となりました。今回は文京区を中心としたご案内になります。この春、就職、進学、転勤等で首都圏行きを予定している方は、ぜひ東京の盛岡歴史散歩をお楽しみ下さい。

盛岡市とカナダのビクトリア市が、新渡戸稲造生誕の地と終焉の地という関係で姉妹都市になったケースと似てますが、盛岡市と東京の文京区は、啄木が生まれ育った地と終焉の地というつながりから「石川啄木ゆかりの地」地域文化交流に関する協定を締結しています。

文京区といえば東京大学、東京ドーム、後楽園、小石川植物園、湯島天神、文豪ゆかりの町等々、東京23区の中でも独特の存在感がある所です。その文京区には、啄木だけではなく「文京区盛岡ゆかりのマップ」というのがあってもいいくらい盛岡関連の場所がたくさんあります。ただし残念ながらその多くは当時の姿ではなく、記念碑や案内板という形で残っています。その一つが湯島三丁目にある旧町名「湯島三組町」の解説とともに記された「共慣義塾跡《きょうかんぎじゅく》」の説明板です。この塾は明治4年（1871）、版籍奉還した41代南部利恭《としゆき》公が東京に転居した後、本郷の湯島天神下に開設した英学校で、若き日の原敬、新渡戸稲造、犬養毅、尾崎行雄達が学んだ所です。その本郷界隈には、赤心館跡や太栄館（旧蓋平館《がいへいかん》跡）、喜之床《きのとこ》跡など啄木が下宿していた所、宮沢賢治が働いていた東大赤門前の印刷所跡や間借りをしていた旧居跡、鐙坂《あぶみざか》に突き当たる金田一京助旧宅跡などがあり、樋口一葉、徳田秋声、坪内逍遥など他の文人旧宅跡などと共に「本郷ゆかりの文人散歩コース」に組み込まれています。最寄りの駅は地下鉄丸ノ内線の本郷三丁目駅です。

　本郷からちょっと移動しますが、丸の内線の茗荷谷《みょうがだに》駅を下車するとそこは小石川。春日通りから播磨《はりま》坂の桜並木を小石川植物園に向かって2ブロック進むと、左手小石川図書館に通じる路地のマンション前に「石川啄木終焉の地」の案内板があります。啄木はこの地で妻の節子や友人の若山牧水に看取られ26年の生涯を閉じたのでした。文京区は近々、隣接地に高齢者の

太栄館（旧蓋平館跡）

ショートステイ施設を建設し、敷地内に啄木の歌碑を設置する予定だそうです。

茗荷谷駅の西側はお茶の水女子大、跡見学園女子大、拓殖大などの学園街です。拓殖大学の裏手、小日向台《こひなただい》町小学校のすぐ近くに、盛岡が生んだ国際人・新渡戸稲造の住居跡があります。新渡戸博士は明治38年（1905）頃この地に居を構え、旧制一高の校長、東大教授、東京女子大学学長、拓殖大学学監などを歴任する一方、国際連盟事務次長や太平洋会議議長として海外でも活躍。昭和8年（1933）8月、それが不帰の旅となったカナダでの会議に出発するまでここの屋敷に住んでいました。新渡戸邸は部屋が約30室もあった和洋折衷の大邸宅で、外国人の来客も多く「ニトベハウス」とも呼ばれていたそうです。昭和20年（1945）の東京大空襲で屋敷は焼失しましたが、その間取り図は盛岡市先人記念館の新渡戸ルームに展示されており、庭にあった石灯籠は同記念館前庭に移設されています。

文京区にはもう1か所、重要な盛岡ゆかりの場所があります。それは護国寺です。徳川5代将軍綱吉の生母桂昌院

小日向台の新渡戸邸跡

の発願《ほつがん》により創建された格式の高い寺院ですが、その本堂の右手奥の一画に南部家の墓所があるのです。寺院内にもかかわらず鳥居が建ち、左右には石灯籠や狛犬が並び、そこだけ神式の墓所となっています。鳥居の奥には40代利剛《としひさ》公と水戸家から嫁いできた明子夫人の墓が並んでいます。

利剛公の墓は盛岡の南部家菩提寺である北山の聖寿禅寺にもあります。殿様の魂の半分は盛岡に、あとの半分は奥方のそばにあるのでしょう。隣には41代利恭《としゆき》伯爵夫妻の墓、そして日露戦争で戦死した騎兵中尉、42代利祥《としなが》公の墓が並んでいます。最寄りの駅は地下鉄有楽町線の護国寺駅です。

護国寺の南部家墓所

最後にご案内したい所が谷中の全生庵《ぜんしょうあん》というお寺です。実は谷中は台東区ですが、隣接する文京区の根津、千駄木と一体化され下町情緒あふれる街「谷根千《やねせん》」として街歩きの人気スポットになっているエリアです。全生庵は、勝海舟、高橋泥舟と並んで「幕末の三舟」の一人とされた山岡鉄舟が明治維新に殉じた人々を供養するため明治16年（1883）に創建した寺ですが、なんと境内にある時鐘がかつて盛岡の旧十三日町、今の南大通久昌寺付近にあった鐘でした。内丸の鶴ヶ池畔にある時鐘と対をなすもので、やはり28代重直公の銘が刻印されています。盛岡城下河南地区に時を告げていた鐘も数奇な運命を辿《たど》っていたわけで、今は「谷根千」の空に時を告げているのです。文京区散策のついでにちょっと足を延ばしてみてはいかがでしょう。最寄りの駅は地下鉄千代田線の千駄木駅です。

（2015年2月号）

谷中・全生庵の時鐘

第二部　続・縁《ゆかり》の人物編

先人を支えた妻たち

原　敬夫人

内務大臣時代の原敬と浅夫人

原　浅（1872―1923）

盛岡の先人たちはよく語られますが、その陰にいた夫人には、これまであまり光が当たることがありませんでした。今シリーズでは、そうした夫人たちをクローズアップしてみたいと思います。第1回目は平民宰相・原敬の夫人・浅です。自分で無学を自覚していたがゆえに、私などからは最高の賢夫人のように思われるのですが…。

入籍をためらった2番目の妻

ご存じのように、浅は原の2番目の妻でした。最初の妻・貞子に手を焼いた原が、新橋の料亭でみそめた素朴で堅実な女性です。貞子と別れたのが明治38年（1905）12月で、浅を正妻として入籍したのが同41年（1908）1月。

入籍したときのことを原は日記に記しています。

「昨日、浅入籍して正妻となすの届けを盛岡に送りたり。昨年末において母上はじめ兄弟親族みな異議なく、…これを勧めたり。本人は、その無教育にして到底その位置にのぼるべき者にあらずとて固くこれを辞したるも、…強いてこれを承諾せしめたり」

これを読むと、浅は自分が無学なので、とうてい原のような高位高官（原は当時、西園寺内閣の内務大臣）のところに嫁にはいるなどということは恐れ多いことで、まったく釣り合いがとれないと自覚していたことがわかります。原もそれは十分に承知していながら、家族一同異議がないので入ってもらいたいと迫ったのでした。

小学校へは3日しか行かなかった

「原の細君は新橋の下等な芸者で…原の細君になってからは見上げた賢夫人になった」

首相や元老を歴任した西園寺公望が自伝に記している言葉です。

事実とはいえ、よく「新橋の下等な芸者」などと表現したものだと思われるかもしれませんが、原の周囲の人たちは内心そんなふうに思っていたらしく、それを、原と特に親しかった西園寺が代表して書いたと言ってもいいでしょう。浅は浅草生まれの下町育ちで新橋烏森の芸者でしたし、父親も岩手県出身（現奥州市江刺区岩谷堂）だったことが聞こえていたのかもしれません。

浅は、養子の奎一郎に自分の生い立ちに関して、よくこんなことを語ったそうです。

「学校が嫌いで小学校へは3日しかいかなかった」

3日というのは、3日間だけだったというのではなく、ほとんど学校に通わなかったという意味で、それほど勉強する期間が短かったということを言いたかったのでしょう。

そのころ、「大阪新報」に講談読み物「木下藤吉郎」が連載されていましたが、それを原が浅のために毎日読んで聞かせてあげていました。原が「さあ、今日のところはどういうことになったかな」と言いながら浅に読んであげている光景は、はしなくもそんなことを物語っているといえるでしょう。

「私の無教育をご存じとみえて、むずかしい話をくだいてして下さった」

女性教育家として有名な鳩山春子女史(ひ孫に由紀夫・邦夫の両氏がいる)が原の家を訪ねてきて、ひとしきり話して帰ったあと奎一郎にもらした言葉です。奎一郎はこれを聞き、「母の謙虚さに驚いた」と記しています。

常人の及ばぬ見識

浅の無学なことを少し強調してきたように見えますが、このことはけっして彼女をおとしめるものでも低めるものでもありません。むしろ、謙虚で誠実な賢夫人ということで、原を知る周囲の人たちには評判を上げることになったようです。そんなエピソードをひとつ…

奎一郎が隣家の友人から国技館に誘われ、許可を求めた折、いったんは喜んだ浅でしたが、「ちょっとお待ちよ」と言って原の書斎に入っていきました。そして浅は奎一郎に「お断りしなさい」と伝えました。

のちに浅は、断るように言った理由をこんこんと奎一郎に語っています。

「隣りは大きな貿易商なようだが、子ども同士がそういう関係になると、やがて家同士の付き合いになる。そうすると、原は貿易商一家と特別に昵懇《じっこん》にしているらしいとか、なにか特別な関係があるんではないかと、あらぬ噂が流れてしまう…」

政治家としての原が、つねに実業家とか商人とかいうお金に関係の深い人種から筋の通らない恩恵をこうむることのないように浅も気をつけたと同時に、大人社会の厳しさの一端を、原の気持ちをくんで奎一郎に伝えたものと思われます。

浅の人並みすぐれた見識を示すもう一つの実例を紹介しましょう。それは、原が大正10年（1921）11月4日、東京駅で暗殺されたときにとった浅の処置です。それを『原敬』伝の著者・前田蓮山はこう記しています。

「周囲に群がる人々を静かにかきのけて遺骸に近づき、自分一人の手で傷口をアルコールで洗い、包帯を巻き、シャツを元どおりに直し、チョッキのボタンをかけ、眠れるかのごとくに姿を整えた」

それを見た人が、あたかも「牝獅子《めじし》が雄獅子《おじし》を介抱する光景を想像した」と表現しているのです。まるで映画のワンシーンを見るようで、浅の気丈で凛とした振るまいが目に浮かんでくるようです。

（2013年4月号）

新渡戸稲造夫人 メリー・P・エルキントン（1872—1923）

稲造がドイツに留学していた頃の二人

国際的に活躍した新渡戸稲造の夫人は、アメリカ・フィラデルフィアの実業家の娘、メリー・パターソン・エルキントンという人です。結婚に大反対されながらも、彼女は稲造という人間に全幅の信頼をおいて、彼のなすことすべてに賛成し生涯、積極的に協力した人でした。稲造をこれほど信じきったメリー夫人とはどのような人だったのでしょうか?

稲造を心から信頼し協力した妻

二人の出会いは、明治18年（1885）のフィラデルフィア友会（クエーカーの会）の婦人会でした。そこで「日本の女子教育について」という稲造の講演を聞いたメリーは、その日、友人に「私の生涯の仕事がどこにあるかを告げることができる人は、この人しかいない」と打ち明けています。それから1週間余りのち、親日家のモリス夫人からメリーを紹介されて語り合った稲造も「なんと美しく聖《きよ》らかで威厳のある婦人であろう。このような米国婦人が日本の婦人たちを指導してくれるならば、日本の婦人たちもどんなにか幸福であろう」と日記に記しているのです。

二人の心には、互いにほのかな恋心が芽生えていたのかもしれません。

しかし、それから程なく、稲造はドイツに留学が決まり、二人の距離は一挙に遠くなったのですが、そうなればなるほど二人の想いは熱くなっていくのでした。

意を決したメリーからの求婚の手紙が、稲造のいたドイツのボンに着いた日、そこでは不思議なことが起こっていました。稲造が、道端でメリーだと思って近づいていったら人違いで、おかしなこともあるものだと思って下宿に帰ったら、彼女からの手紙が届いていたのです。二人の結婚に向けての交際は、こうしてスタートしました。

稲造との結婚に反対される

エルキントン家はそのころ石鹸やロウソクなどを商っていました。家は代々プロテスタントのクエーカーで、メリーは質素倹約と正直を旨とした実業家の娘でした。しっかりと学問を修め、家では体の弱い母を献身的に手伝う近所でも評判の娘でした。そのメリーが自分より5歳年下の、色の浅黒い、どこの馬の骨とも分からない東洋の一青年に恋をしてしまったために周囲は猛反対。両親からすれば、新渡戸稲造という日本の青年が知性溢れる立派な人格の持ち主であることは十分に認めながらも、白人でないところが最大の難点だったのです。

稲造はこのときの経験で、アメリカで日本人がほとんど理解されていないということにあらためて気づかされます。このことが、のちに英文『武士道』を出版する遠因になっているのです。

数多くの慈善行為に協力

猛反対（日本では稲造の養父も反対）をおして二人が結婚したのは明治24年（1891）元旦のこと。2か月後、稲造の札幌農学校教授赴任にともない、メリーも一緒に札幌に着きました。翌年1月、男の子が生まれて喜んだのもつかの間、たった8日で亡くなってしまいます。メリーは産後の肥立ちも悪く、稲造にアメリカの生家まで送られて静養します。そのときメリーは実家で受け取った1000ドル（現在の数千万円）の遺産を札幌に帰った稲造に送りました。そうしたら彼は、貧しい子どもたちに無償で教育

貧しい子ども達のために作られた遠友夜学校

をほどこす学校（遠友夜学校）を建てようというのです。

このとき、メリーは稲造の崇高な思いに感動し、どんなことがあっても稲造のすることに反対はするまいと決心したといいます。というのは、そのお金を元手に彼女は利殖の道を考えていたのに、貧しい子どもたちのために使おうという稲造の提案に、いかに自分の思いが個人的で小さいものかを思い知らされたからです。

それから少し後のことですが、札幌の師範学校を落ちたので、釧路に帰って親に合わせる顔がないといってある青年に泣きつかれ、新渡戸夫妻はすんなりと1年間も家にとどめ、心おきなく勉強させています。

また、常に数人の貧しい学生の授業料を払ってあげていたほか、稲造の官舎の隣のスミス女学校に学んでいた河井道という女性には、家に自由に出入りさせたばかりではなく、アメリカの大学まで卒業させています。その彼女が30年余りのちに学校を建てたいと稲造に相談したとき、ぽーんと数千円（現在の数千万円）を出したばかりか、うまくいかなくなった場合も想定し、河井のことなら今後すべて保証人になるという証文まで書いているのです。それらすべてにメリーはまったく反対しませんでした。

彼女は、稲造が神経衰弱と診断されたとき、アメリカでの静養を勧めました。稲造は彼女の忠告に従い、カリフォルニアの温暖な気候の地で静養。そこで書き上げた本が英文『武士道』

でした。

明治33年（1900）1月、フィラデルフィアで出されたその本は、たちまちアメリカやヨーロッパで評判になり、二人の身辺も大きく変化。稲造は、台湾総督府の民政長官となった同郷の後藤新平から招聘を受け台湾に赴任し、メリーは日本にとどまり、多くの慈善事業や動物愛護運動に積極的に協力しました。

国際連盟事務次長として異例の7年に及ぶ任期を勤めた稲造の功績も、かたわらで名ホステスぶりを発揮したメリーの協力があったからに他なりません。

晩年、稲造は東京小石川の自宅に多くの女性を招き、様々な知恵を授けていますが、メリーも溢れんばかりの協力を惜しみませんでした。ともにクエーカーとして貧しい人たちへの援助を厭わなかったばかりでなく、稲造を信じて尽くしたメリー夫人。世にもまれな夫婦愛が終生続けられた源は、そこにこそあったといえるでしょう。

（2013年5月号）

金田一京助夫人　金田一静江（1889―1976）

米寿祝いの京助夫妻
（盛岡市先人記念館提供）

金田一京助との新婚旅行で盛岡に来たとき、親類縁者の人たちのまるで分からない言葉と、物珍しさで見られたことで、盛岡にあまりいい感情を持たなかった妻静江。それが息子春彦にも伝わったのか、春彦も盛岡に違和感をもったまま亡くなりました。しかし、晩年の京助夫妻は人もうらやむオシドリ夫婦になっています。

晩年に夫婦の絆をかみしめた妻

「父さんは田舎の大金持ちだというから来てみたら、垢じみた煎餅蒲団1枚しかなかったじゃありませんか」

金田一京助は晩年、妻静江によくそんなことを言われていました。静江からすれば、若いときからもう少しましな生活をしたかったというのが本音だったようです。それほど、結婚当初から2人の生活は楽ではなかったのです。

2人の結婚は明治42年（1909）暮れの12月でした。以前から「妻君を持ちませんか」と勧めてくれていた友人啄木の言を入れてのものでした。

森川町（現在の東京都文京区本郷）に所帯をもったものの、月給30円の京助の給料ではいつもぎりぎりでした。それなのに、啄木から時々借金を頼まれるのです。それが静江にはたまらなく不快でした。だから静江はよく「あまり石川さんとは親しくしないでね」と京助に頼んでいましたが、無類に人のいい京助がその交わりを断つはずもありませんでした。

だから後年「石川さんのように図々しい人はちょっといない」と洩らすまでに静江はなっていたのです。そういう事情を敏感に察した息子の春彦が「啄木を親のカタキのように思っていた」のも自然な成り行きだったに違いありません。

結婚から1年余りのちの明治44年（1911）1月に初めての子ども郁子に恵まれたとき、さっそく啄木は京助夫妻にお祝いのハガキをしたため歌を二首詠んでいますが、そのうちの一首は、少しばかりふるっています。

「そうれみろ　あの人も子をこしらへたと　何か気の済む心地にて寝る」

学究一筋で子どもをこしらえるなどということから一番遠いところにいると思われていた京助を、啄木が「ほら、我々と同じだろう」という安心感にも似た気持ちで詠んだものでしょうか。

次々と夫妻を襲う悲劇の波

その郁子は、翌45年（1912）1月に急性肺炎であっけなく逝きます。このころから10年ほど、京助は身のまわりで、いろいろな悲劇に見舞われます。同じ1月、盛岡中学時代からの友人である原抱琴《ほうきん》（原敬の甥）が亡くなり、その4月には親友啄木を失います。さらに半年もたたないうちに父久米之助も亡くなり、大正4年（1915）には次女の弥生が生まれるもすぐ死亡。その後も3女の美穂、妻の姉カオル、母ヤス、弟他人《おさと》、伯父勝定というように、自分の子どもたちばかりではなく親類縁者や友人たちの悲しみがいちどきに京助を襲っています。その間、京助には定まった仕事がありませんでした。

そんな状態にもかかわらずアイヌの老人たちを自分の家に招き、寝食をともにしながらユーカラの筆録に精を出す京助。そのアイヌたちは1か月も風呂に入らないことが多く、静江は家の中にこもる異臭に閉口したものでした。

大正に変わったその秋には、上野公園拓殖博覧会に日参してアイヌ語を調査しています。それはまるで日ごろの一家の貧乏や子どもの死、啄木の死、父の死などを忘れたかのように静江からは見えたようです。

自分の好きな研究をしている京助には、少ないながらも給料を持ってきてくれればいいと思っていたようですが、深窓育ちの静江は「帝国大学を出ながらも、アイヌ語を研究する人はこんなにも貧乏なのか」と内心あきれかえっていたし、子育て、栄養不足、次々と続く子どもの死、京助の弟たちの居候などで疲労が重なり、病気がちな日が続きました。

しかし学究一筋の京助には、そういう妻の身を案ずる心配りに欠けていました。見かねた妻の姉カオルが「あんまり（妹が）病気をするので、（あなたの）妻としてつとまらないから引き取りたい」と迫ったことさえありましたが、京助は「とんでもない。私がもらったんだから」と、このときばかりは男気を出して応酬しています。

それでもどうにか食べていけたのは、家賃の工面に困窮する京助を見て、自分の家の裏に6円で住まわせるなどのカオルの援護があったからでした。

後年、京助ははっきりと「おかげで、私は艱難時代を通ってくることができた」と言っています。

しかし、国学院や早稲田で教えるようになった大正末頃からは、金田一家の暮らしは明るくなっていきました。昭和7年

ユーカラを録音中の京助
（盛岡市先人記念館提供）

（1932）、学究の集大成ともいえる『アイヌ叙事詩ユーカラの研究』が評価され帝国学士院恩賜賞を受賞。その後、文学博士となり、遅かったものの東京帝国大学教授にもなります。

戦後は国語審議会委員や昭和天皇へのご進講、NHK放送文化賞、文化勲章、盛岡市名誉市民第1号、明解国語辞典（三省堂）の上々の評判と、それまでは考えられなかったほどの栄光に京助は包まれます。

しかし、静江は夫の業績にあまり理解を示そうとはしませんでした。京助の死後、長男春彦が静江に「お父さんと一緒に暮らしていたなかで、いつが一番楽しかったの？」と聞いたとき「そりゃ、ここ（本郷のマンション）で過ごした最後の2年間だよ」と答えています。その期間は、京助が研究をすべて忘れはて相当に記憶力も衰えていた時期にあたります。静江は、そうなって自分に向き合ってくれた、まったく偉くなくなった夫を一番愛おしく思っていたらしいのです。

夫婦の姿というものをあらためて考えさせてくれる静江の愛に満ちた言葉といえるでしょう。

（2013年6月号）

米内光政夫人

米内コマ

（1888—1941）

コマ夫人

おそらく、歴代の総理大臣の中で米内光政ほど貧乏だった人はいなかったでしょう。自らの清らかな性格のせいもありますが、発明に没頭する父にお金を出し続けたからです。そういうことに文句も言わず、隠れるように寄り添ったコマ夫人。彼女は生涯控えめに米内に仕えた人で、実に米内には似合いの妻であったといえるでしょう。

提督に生涯寄り添った控えめな妻

「結婚して34年、任地へも連れていかず、貧乏生活の苦労ばかりさせて、これからどこか遊びに連れ出してやれるかというときに、お母さんは死んでしまったね。かわいそうなことをしてしまった」

昭和16年（1941）1月19日、米内の妻コマが亡くなったとき、子どもたちの前で米内が初めて涙を見せたときのセリフです。

葬儀はまったく質素で、これが半年前まで総理大臣だった人の奥さんの葬儀かと疑われるほど簡素なものでした。新聞で病名は「胆石に胆嚢炎を併発し…」と発表されましたが、実は胃がんの可能性もあったようです。

地味でつつましい人

コマは米内より8歳年下の明治21年（1888）東京は赤坂の生まれで、米内が中尉のとき嫁に来ました。日露戦争が終わった翌年の明治39年（1906）6月のことです。コマの父は大隈金太郎といい、茶の先生（号は宋珉）をして暮らしていた人で、その長女でした。

コマ夫人は米内とは対照的に歯切れのいい東京言葉を話しましたが、内面では東京の人には珍しいほど控えめな女性でした。いつももの静かで、晴れがましい場所にはめったに顔を出さない人でもありました。

米内が横須賀鎮守府長官として主催した宴会場に行くときのこと、長官夫人とはいうものの、コマは小柄な体に地味な着物を着て、二等切符を持ちながら三等車に乗り、つつましやかに会場に向かうのでした。

その会場でコマ夫人は、いつものように後ろのほうに隠れているふうなので、副官が「奥さん、ほかの者が困りますから、もう少し正面にお進みください」と促さなければならないほど、人前へ出るのが嫌いな性質だったといいます。

生涯にわたり金の苦労を背負う

米内は海軍兵学校を卒業後、少尉に任官しても海上生活が多かったせいで一家を構えるわけにもゆかず、明治36年（1903）になって初めて郷里の母トミを迎えました。もっとも、父受政《ながまさ》は早くから東京にきていたので、やっと親子3人、水入らずの生活を楽しむようになったのです。しかし、受政は発明に夢中になっていたので、その資金は米内の給料から出さなければなりませんでした。そのころは海軍士官になっても「貧乏少尉、やりくり中尉」と言われていたほどでしたので、親子3人での暮らしは楽ではありませんでした。

それにもかかわらず米内は、自分の給料で足りないときは、友人たちから借金をしてまでも父に研究を続けさせたといいます。

そういう米内一家に、コマは嫁いできたのです。必然的に子どもは生まれるし、それにともなって必ずしも米内の給料が上がっていったわけでもないので、コマ夫人は最初からお金の苦労を背負ったも同然でした。

姑に仕えて気苦労も絶えず

同郷でのちの衆議院議長の田子一民が、ある寄付のお願いで米内の自宅にうかがったときのことです。盛岡中学以来の親友だったので、用件を米内がすぐに了解してくれたことは言うまでもありません。つっと奥のほうに行き、やがて1枚の紙幣を持って出てきて、田子にこう言ったのです。

「今、母から小遣いをもらってきたので、少ないけれど、これで我慢していただきたい」

それを聞いた田子はびっくりしました。いやしくも今をときめく海軍大臣だから相当の額を自由にできるものと思っていたのに、母にすべてを渡し、いまだにその中からもらっている米内の日常を知って、あらためて米内の母に対する温情の厚さに驚いたといいます。

しかし、それはまた、米内家ではコマ夫人が財布を握ってはおらず、ましてや主導権などというものがなかったことをはっきりと示唆してもいるのです。このように、米内家では八十を過ぎても毎日せっせと針仕事をする母トメが一切を仕切っていたらしく、普段でも息子の光政に「光、こうさねば、わがねあんすて」と盛岡なまりで説教をしていたほどで、コマ夫人にとってもその娘や息子たちにとっても、おっかないお祖母さんで通っていました。

このころから米内は海軍内で認められはじめ、海軍中将、連合艦隊司令長官、海軍大将となり、ついには総理大臣というように、ぐんぐんと昇進。コマ夫人は家計の苦しさからどうにか脱却することができたものの、米内が総理大臣の間、逆に夫の暗殺の噂をしきりに気にするようになりました。それ以来、コマ夫人は胃の痛みを訴えるようになり、米内内閣が総辞職をしたあとの昭和15年（1940）10月以降、寝たきりになって3か月後に死を迎えてしまったのです。

金銭に恬淡《てんたん》とし、地位に拘泥するような人間ではなかった米内が、周囲から推され昭和天皇の信任にこたえて総理大臣になったものの、それがかえって夫人の病気を誘発することになるとは、当の米内も予想だにしなかったことでしょう。米内にとって生涯で最大の痛恨事だったに違いありません。米内の最初にして最後の清らかな涙の裏には、どこまでも耐え忍んで自分に従ってくれたコマ夫人に対する限りない感謝の念があったように思うのです。

（2013年7月号）

二人が眠る円光寺の墓

田子一民夫人

田子静江（1883―1964）

結婚記念写真（一民27歳、静江25歳）

お見合いが普通だった時代に、その出会いからしてユニークだった田子一民と妻静江。結婚した二人は、共通の問題をよく話し合い、本も共著で著すなど、当時としても非常にリベラルな夫婦でした。田子は妻静江の考えをよく聞き彼女の自由を最大限に許したので、静江はほとんど悔いのない人生を歩むことができたようです。

寛大な夫とともに歩んだ妻

田子一民と静江の出会いは、当時、普通だったお見合いではなく参禅の場でした。

明治37年（1904）秋、東京牛込若宮町に住んでいた田子は東京帝国大学法科大学（現在の東京大学法学部）に入学したばかりでしたが、近くに福岡珠子《たまこ》・易之助の姉弟が住んでいました。福岡易之助は第一高等学校（現在の東京大学教養学部）仏文科の学生で、田子の友人の野村長一《おさかず》（のちの大衆小説家・胡堂）らと親しかったので、田子とも親しむようになりました。その関係で、田子は易之助の姉の珠子とも会話を交わすようになったのです（のちに易之助は、フランス語辞典で有名になる白水社を創立します）。

そのころ田子は日暮里の両忘庵に通って参禅をしていましたが、そこに珠子も来ていたので、親しさを増していったのです。二人の結婚は明治40年（１９０７）９月でした。珠子は日本女子大学英文科を卒業したばかりでしたが、田子はといえば、まだ帝大卒業１年前でした。にもかかわらず、間に入ってくれる人がいて結婚したのです（結婚後、珠子は静江と改名）。

夫婦そろって執筆

盛岡の肴町に生まれた田子は、盛岡中学から第二高等学校、東京帝大と、一見するとエリートの道を歩んだように見えますが、その間、早くに両親を亡くし家の没落と人生問題に真剣に悩んだ人でした。そのような浮沈にもかかわらず田子の心は曲がりませんでした。後年、非常に他人思いで滋味のある人物になっていった素地は、この時代にすでに芽生えていたといえるでしょう。ですから「官僚には珍しい大衆とともに歩む人」とか「青年を愛し青年の味方をする人」とかいう評判がしだいに立っていったのです。

東京帝大卒業後、内務省に入った田子は地方局救護課長や社会局長を経験し、三重県知事のあと岩手県から衆議院議員に立候補し、時の政友会総裁・高橋是清に僅差で敗れるのですが、それは日本の選挙史でも有名な一騎打ちとして今に伝えられています。このの ち連続で当選し、衆議院議長や農林大臣まで歴任するのですが、興味深いのは、内務省のときに社会局をつくったことです。そのため社会福祉や青年男女の問題に関しては、そのころ省内では第一人者で通っていたくらいでした。その裏には、妻静江の示唆が相当あったものと思われます。

そういう彼でしたから、静江とヨーロッパ旅行をしたときは、欧州の社会福祉事業や選挙制度、若者たちをしっかりと視察してきて、『改造の欧米より』、『新時代の婦人』など、続々と本を著しています。静江も『愛児のために欧米を訪ねて』、『十年後の家庭生活』などを出しているところから察すると、二人そろって同じような問題に注意を払っていたことが分かるのです。共著で『郡に在りし頃』なども出しているほどです。

二人の年譜を通覧して気づくのは、子どもたちの結婚や離婚まで包み隠さず、あからさまにすべてが書かれていることです。田子夫妻が亡くなってからの出版であり、子どもたちがその作成に協力したことは確かですから、こんなちょっとした記述からも、いかに子どもたちが開放的に育てられたかが分かるのです。

仲のいい夫婦はあとを追う

あるとき、あまり外套がひどくなったからと、静江が新しくつくりました。それを田子は喜んで着て盛岡に出かけたのですが、帰ってきたときにはもうありませんでした。「あの外套、どうなさったんですか？」との静江の問いに「ああ、あれは人にあげてきたよ。寒いのに一枚も外套を持っていなかったから」と平気で答えた田子。静江は返す言葉もなかったといいます。

近所に物売りが来ると、静江は追い払うのですが、田子は妻に知られないようにそーっと出て行って「何でもいいから置いていきなさい」と買ってあげるのです。だからといって、そんなことでいざこざが起きるということもありませんでした。田子はいつも静江を立てて、けっして頭から反対するなどしないヒューマニストでしたから、静江の気持ちはいつも穏やかでした。

田子一民が亡くなったのは昭和38年（1963）8月15日のことです。

正月に撮られた家族写真（昭和30年）

夫が亡くなってからの静江は、魂が抜けたようだったといいます。上等の仏壇を夫のために特別に求めた静江は、夫の居間にそれを供え、半日も一人で閉じこもる日が多くなりました。

娘たちは毎週月曜日に母である静江のところに集まることにし、その際、いろいろと静江の好物を持ちより楽しませるように努力していましたが、夫が亡くなってからは娘たちの話に溶けこんで心から笑うということはなくなりました。

しかし、そんな静江でも、夫の仏間に行くときには、いつも髪をきれいに結い薄化粧をし、着替えをして嬉しそうでした。そんな母をしばしば見ていた娘たちは「どんなに母が父を愛していたか（が痛いほど分かって）胸がじーんとしてくるのだった」と述べています。

田子の死後、静江はだんだん元気がなくなり、ちょうど半年後の昭和39年（1964）2月16日、好きなテレビを見ながら眠るがごとく静かに息を引き取ったといいます。

葬儀を終えたあと、子どもたちは「やはり仲のいいご夫婦は後を追うものですね」とよく言われたものだと回想しています。


（2013年8月号）

三田義正夫人

三田サメ（1869―1955）

三田商店総会の折、撮られた2人の写真（昭和4年5月）

中央通りに本社を置く「三田商店」は、商社経営のほか、身近なところではクロステラス盛岡の運営などにも携わる老舗。創業者の三田義正は、岩手中学校の設立や盛岡の市街地化にも努めた実業家でした。その彼に嫁いだサメは、糟糠《そうこう》の妻と呼ぶに相応しい人物でした。彼女の生涯はいったいどんなものだったのでしょう。

幾多の困難を堪え忍んで従った糟糠の妻

盛岡の下小路に住んでいた関政民の4女サメに結婚話がきたのは、明治17年（1884）も終わろうとするころでした。お相手は川向いの加賀野に住んでいた三田義正という新進気鋭の実業家。岩手県庁をやめ養立社（山林会社）や果樹協会を設立したり、砂糖大根を植えて砂糖水（アマドコロ）などの事業に手を伸ばしていた男性でした。

話がとんとん拍子に進み、サメが義正と結婚したのは翌18年（1885）のことです。その折サメは、夫から一つの身にしみる言葉を聞かされています。

「自分は三田家の長男であるし、承知のように家族が多い。大家族の嫁として、これからはいろんなことがあるだろうが、どんなことがあっても堪え忍んでやってくれ。それだけはお願いする」

そのころ義正はすでに上の橋ぎわに砂糖屋の看板をかかげ、砂糖水を商っていました。サメは新婚早々から不慣れな商売をさせられることになったのです。

結婚してからというもの、サメは来る日も来る日も店頭でお客の注文どおりにアマドコロを計って売る日が続きました。盛岡の人たちには、20歳にもならない新妻が慣れない手つきでアマドコロを売っている姿は、少なからず奇異に映ったようです。

アマドコロの販売は、義正が10年近く前に東京の学農社（津田梅子の父・仙の経営）で学んできた最新の知識をもとに始めたもので、相当の自信を持ってのぞんでいました。伝来の土地に砂糖大根を栽培し、細々ながらとにかくここまでやってきたのです。義正はそういう自分の強い決意を、時折サメにかみくだいて懇々と諭すように語りました。サメもまた、それを聞かされるたびに、夫の篤い思いを胸に刻むのでした。

こうしたことが何度も続いているうちに、義正は家ではサメのことを堪（タエ）と呼ぶようになっていました。「堪え忍んで、自分という人間と自分のする事業についてきてくれ」という義正の強烈な願いが込められていたのです。

サメを嫁に迎えた翌19年（1886）は、義正にとって家庭的な問題が一挙に噴き出た年でした。4年ほど精魂込めて打ち込んできたアマドコロの事業がついに失敗に帰したことと、彼を無言のうちに見守ってきてくれた父義魏《よしたか》が、50歳に満たずして亡くなったのです。義正はもちろんのこと新妻のサメも、あらためて商いの難しさと人生の無常を感じさせられたのでした。新婚の夫婦にとっても大きな転機の年になったのです。

義正はその後、盛岡市議や県議なども歴任しましたが、明治23年（1890）夏に友人の衆議院議員立候補の応援で、伝来の田畑のほとんどを手放してしまいました。そのうえ義正は、明治27年（1894）の県議選に落選。それを機に義正は議員生活から足をあらってしまいました。

そういう息子の動きを一番心配したのは母キヨでした。その母があるとき、義正に600円の大金を差しだしたのです。節約家で通っていた母キヨは、息子にまた実業の世界に戻ってもらいたく、まさかのときにと貯えていた大金を提供したのでした。

本町通の質屋に通いつめる

県議を落選した年はまた、日清戦争が勃発した年でもありました。機をみるに敏だった義正は、母からの金を元手にして加賀野の自宅に火薬銃砲店の看板をかかげ、導火線の家内工業を始めたのです。弟俊次郎からの提案でした。以前から日本と清国との戦争を予想はしていたものの、義正にとって火薬銃砲の仕事はまったく素人の領域だったので不安は隠せませんでしたが、当たると確信した彼はすぐに上京し、それらに関する技術を集中的に学んで帰郷し看板をあげたのです。

このころの経営の苦労は言語に絶するものがありました。なかなか軌道に乗らないために、サメは夫の命令で、よく本町の質屋に日参したものでした。同じ質屋に通うのも恥ずかしいと思って、違うところにも通ったようです。

その後、事業は順調に成長し、全国に店舗を拡大。第一次世界大戦中には巨万の富を貯えるも、盛岡市民からは「死の商人」とささやかれたりもしました。

そんな巷での噂を耳にしながら、義正には会社を磐石にしたあとは人材育成だとの堅い信念がありました。大正15年（1926）に岩手中学校（現岩手高校）を創設したのはそのためです。昭和2年（1927）からは菜園地区の埋め立てや大通り地区の市街地化の推進にも貢献しました。もうからない教育事業につき進んでいった夫に、サメはただついていくだけでした。

そのように精力的だった義正も寄る年波には勝てず、昭和10年（1935）の暮れ、風邪がもとで死の床についてしまいます。その間、サメはつきっきりで看病しました。見舞い客に「君、生まれるのは簡単だが、死ぬのはなかなか楽ではないぞ」と、冗談とも本気ともつかないことを言ったりしましたが、サメの不眠不休の看護もむなしく大晦日の午後8時15分、眠るがごとく静かにその75年の生涯を終えました。

それからもなお20年、サメは息子や会社を静かに陰から見守り続けたのです。

（2013年9月号）

現在の三田商店と旧邸宅

南部利英夫人

南部瑞子

南部瑞子（1908―1980）

4年前に亡くなった南部家45代当主・南部利昭氏の母で、最後の伯爵夫人と言われた瑞子《みつこ》。父は43代の利淳、母は鳥取藩池田輝知の3女巌子。瑞子は幼いとき東京に住んでいましたが、太平洋戦争に入ってから一家で盛岡に疎開し、そのまま盛岡の人になりました。戦後は積極的に市民と接し、誰からも親しまれた明るい夫人でした。

盛岡市民に親しまれた最後の伯爵夫人

南部利淳伯爵の長女として瑞子が生まれたのは、明治41年（1908）1月14日のこと。母の巌子は賢夫人として知られていますが、瑞子は対照的といってもいいくらいの性格でした。

小さいときから大らかに育てられたせいか、瑞子は天真爛漫そのもので、ものにこだわらない明るい性格でした。瑞子の普段着は、紫の矢絣に立矢に結んだ帯、食事も一人で高足の本膳でした。巌子の厳しいしつけで、起床も食事も勉強の時間割も決まっていましたが、それをごく自然にこなしたといいます。

学校時代はおっとりとして面ざしもふくよかな瑞子でしたから、たちまちクラスメイトからは「大陸の花嫁」という綽名をつけられたものでした。

母巌子は洋画、日本画、和歌、書、陶芸、ともに日本一流の師匠について学んだ玄人はだしでした。瑞子もそのような習い事をさせられたのですが、そういうところはおくびにも出さずに誰からも好かれる人柄だったので、さる宮家の妃殿下候補にあがったこともありました。しかし、弟の利貞が病死したことで、話が立ち消えになってしまいました。

7人の子どもに恵まれる

昭和4年（1929）10月、瑞子は一条公爵家から利英を養嗣子に迎えて結婚しました（利英は44代）。瑞子は利英との間に3人の男の子と4人の女の子に恵まれま

昭和19年に撮影された家族写真
左から2人目瑞子、3人目利昭

した。

第二次世界大戦が始まってから、利英は一家で盛岡に移り住みました。時折、縞のお召しに黒紋付きの羽織で南部邸（現在の盛岡市中央公民館）の前に立っている瑞子の姿は、華族の夫人の外出着としては町の主婦よりも地味なくらいでしたが、彼女はかまわず、どこへでも気軽に出かけました。

そうしているうちに、末娘の文子はしぜんと盛岡言葉を使うようになっていきました。そんなとき、皇后の妹である三条家の子息が立ち寄ったのです。

その子息が「…あそばしていいことよ」と言うのを聞いた文子は「おかしいなはん」と、くすくす笑い出す始末。もう盛岡での生活に一家も子どもたちも馴染んでいたのです。娘のことを瑞子はそんなふうに笑って話していたといいます。言い換えれば、瑞子はもう東京の人ではなく盛岡の人になりきっていたのかもしれません。

盛岡に馴染んだのは、じつは瑞子ばかりではありませんでした。夫の利英もそうで、鈴木彦次郎（盛岡出身の作家。川端康成の親友）の始めた文士劇に出たりして楽しんでいました。利英という人は、そういうことに違和感をもたない、さばけた人でもあったのでしょう。

階級は失ったけれど…

戦後間もなくの南部邸の様子を記述している本があるので紹介しましょう。

「集会などに使われる大広間の2室を居間にして、縁側の外の芝生に白い小さなテーブルと椅子があった。室内には油単をかけたままの大きな桐のタンスが奥に見えた。芝生は、人の行きかう現在とは違って、しっとりと緑が濃かった」（熊谷佳枝『生きて、耀いて』）

そういうところに住みながらも、多くの日本人と同じく南部家も窮乏生活を送ったのです。きのうまで3、40人もの使用人がいたのに、一夜明ければ、そういうものが一切なくなったうえに財産税や相続税などの請求がくるという大変めまぐるしい時代。

そのころ夫・利英が岩手日報に語ったインタビューが残っています。

「自分は地位も名誉も奪われて、華族の看板もはずされたけれども、悲劇の主人公とは思ってはいない。…階級とか肩書きとかは失ったけれども、自分という人間までは失ってはいない。…新しい時代の南部としての生きかたの、新しい設計を立ててやっているんだ」

瑞子もまた夫のそういう毅然とした思いに添うように過ごしました。使用人がいなくなり台所に立って子どもたちの弁当をつくるようになっても、落ちぶれたなどとはちっとも思わず、そういうことをまったく苦にしませんでした。ですから、闇市に瑞子自らが買い出しに行くこともしばしばでした。いみじくも、息子の利昭がそのころの母瑞子の様子を語ったものが残されています。

「母は戦後、あかぎれを切らしていましたよ。…愚痴も言わずに7人の子どもを育てて、偉いと思います。…自分の着物も、たけのこ生活でほとんどなくしましたからね」（『南部家八百年』IBC岩手放送）

それでも、いや、それだからこそと言うべきでしょうか、夫婦仲はじつに円満で、家政に余裕が出てきた昭和30年代以降は、しばしば2人でゴルフを楽しんでいたし、温泉にもよく行ったものでした。

そういう瑞子でしたから、病気をしても痛いとか苦しいとかは一切言わず、安らかに逝ったといいます。昭和55年（1980）10月30日、享年73でした。

皮肉なことに、夫利英の看病をしていた瑞子が、先に亡くなったのです。しかし、利英も1か月半後の12月15日、あとを追うように亡くなりました。

仲のいい夫婦が相前後して逝くというのは、今回もあてはまったようです。

（2013年10月号）

板垣征四郎夫人　板垣喜久子（1898―没年不詳）

関東軍参謀長時代の板垣夫妻

満州事変の演出者といわれ、中国への戦線拡大の推進者として戦前、勇名をはせた板垣征四郎。関東軍参謀長をへて陸軍大臣、陸軍大将となって太平洋戦争を積極的に推し進めたとして戦後、板垣は戦犯となり刑死しました。しかし、喜久子夫人は、外で見せる顔とはまったく違った夫征四郎の面影を、その思い出の中で語っているのです。

結婚の幸せを生涯かみしめた歌詠み人

喜久子の父は、日露戦争での奉天の戦いで戦死した軍神・大越兼吉中佐です。板垣は小さいころから才気煥発で人を驚かし、ほめられていい気になっていましたが、仙台幼年学校時代、この大越に注意を受けてから大いに感じることがあり、のちに折をみては鎌倉円覚寺に参禅し修行に努めています。

大正6年（1917）4月、そのような縁で結ばれた喜久子ですが、結婚当日、板垣は喜久子にこれから二人で守るべき五つの心得を書いて与えました。その中の四つ目に、次のようなことが書かれています。

「一家の幸福は決して物質上の余裕ある生活により求むべきにあらず。一家悠々和楽の間に世に立ち人に交わるの道を守り行い、精神的に無限の幸福を味わうことが人生の本当の意義である」

この言葉どおり、板垣が一番嫌ったことは金銭の話でした。まだ小さいころ祖父直作から「金で得すると思うなよ」と口やかましく教えられていたことが骨身にしみていたからです。

その板垣ですが、結婚直後、喜久子にこんなことを言ったことがあります。

「自分は一生独身で満蒙のために働くつもりでいたが、大越生徒監の娘なら自分の立場を理解してもらえると思って、君と結婚する気になった。苦労をかけるだろうが辛抱してほしい」

そう申し渡された喜久子は、板垣のあまりのつましい家具類にびっくりしています。喜久子も物質にはあまり関心のないほうで、むしろ読書と作歌とが趣味でしたから、そんなふうに言われても何の抵抗もありませんでした。

金銭の話を一番嫌った板垣ですが、人から借金を申し込まれたときには、断らずに貸してあげるばかりではなく、返してもらわなくても不平一つ言いませんでした。あるとき、夫の友人の未亡人が板垣にお金を催促しにきたとき、喜久子は内心穏やかではありませんでした。その未亡人が言うには「かつて海外旅行の折、板垣様がお金が足りなくなって私の夫から借りたことを聞いていましたので、今さらではございますが、お返しいただけないでしょうか」というものでした。

その日、帰宅した板垣に問いただしたところ、じつはそのお金はもうとっくの昔に返済していたものでした。板垣は喜久子に穏やかにそう語りはしたものの、少し考えてからこんなふうにつぶやいたのです。

「おそらく、夫を亡くしてこれから困ることもあるだろうから、なんにも言わず、余分な物も添えて、もう一度そのお金を返したらどうだろう」

板垣の冷静で沈着な態度は、なにも他人に対してばかりではありませんでした。喜久子の母に対してなども、また格別なものでした。実に温かく礼儀正しい心配りをするのです。

一緒に暮らしていましたが、義母の部屋を通るときは腰を低くかがめ、出入りのたびに軽く膝をついてのあいさつを怠りませんでした。それは大将になっても変わることはなく、出先からの便りに喜久子夫人の母の安否を気づかう言葉がしるされていないことはありませんでした。

とかく留守がちでしたから、子どもたちと親しむ時間は少なかったのですが、一人で遅い食事などをするときには、嬉しさにはしゃぐ子どもたちを相手にすごし、楽しそうにくつろいだひとときを過ごしたりしました。時には末の娘を肩車し庭を散歩して喜ばせたりする誠に優しい父親ぶりも発揮したものでした。

温かい理解のもとに歌作り

喜久子は、人も知る歌人でした。そんな彼女の作る歌にも、板垣は温かい理解を示したものでした。昭和11年（1936）に、喜久子が歌集『ははこぐさ』を出したことを告げたときの板垣の対応が、そのことを如実に物語っているといえるでしょう。

「日ごろ、子どもの面倒を見ながら、よくこれだけ勉強したね」

そういう板垣らしい理解の示し方に、喜久子は無上の喜びを感じ、板垣と結婚したことの幸せをしみじみとかみしめるのでした。喜久子は板垣亡きあとも、時に中断はしながらも、終生歌を詠み続けた人でした。

「板垣は誠に鷹揚で穏やかな人でございました」

兄、板垣賛造夫妻（右）と

いつもさわやかで、板垣は小言一つ言いません。常にそうだから、むしろ喜久子のほうから「気に入らないことがあったら、いつでも叱ってください」と申し出るほどでした。それに対し板垣は、「男は喜怒哀楽を出さないというのが君のお父さんの教えだったからね」と笑うだけで、取り合いませんでした。

仕事に関しては、もちろん家庭で話すことなどありませんでした。しかし、ふと板垣がもらした言葉から、喜久子はそれを短歌にとどめています。

あと五年　育つ満州　見る日まで　いくさはならぬと　夫は涙す
あふれ落つる　夫の涙よ　絶望の　極みに怒る　声を殺して
国難は　ついに避けがたし　日独伊　三国同盟　われに利あらずと

こういう喜久子の歌を目の当たりにするとき、中国への戦線拡大の推進者と言われてきた今までの板垣の実像が、実は本当だったのだろうかというような気がしてくるのです。

（2013年11月号）

阿部　浩夫人

阿部辰子（1868—1929）

阿部辰子　　阿部　浩

毎年の紅葉が見事で、盛岡の人たちの憩いの場になっている保護庭園に一ノ倉邸があります。東京府知事をした阿部浩が建てたものです。阿部は、本県出身で他府県知事になった最初の人。原敬とは竹馬の友で、最初は兄貴分でしたが途中からは逆転しています。その阿部に嫁いだ辰子夫人ですが、謙虚な人柄に似ず大胆な書をものした人でした。

夫の誇りを自分の誇りとした書道家

辰子は神奈川県平民・佐々木順貞の長女として慶応4年（1868）6月22日に生まれました。その日は辰年、辰日、辰の刻だったので、のちに三辰と号しています。横浜のフェリス女学院在学中に受洗し、卒業すると同時に同校の書道教師になりました。

そんな辰子と阿部が出会うまでの略歴を記しておきます。

嘉永5年（1852）1月、阿部は盛岡藩士の子として現在の盛岡市下ノ橋町の遠山病院の辺りで生まれました。小さいときから血気盛んな少年で、藩校作人館に入って原敬や田中館愛橘らと一緒に学んでいます。ハイカラな阿部はいち早く断髪論を唱え、コチコチの国粋党だった田中館を抑えつけて彼の頭髪を切ったことがあります。

阿部はまた廃刀論を唱え、誰よりも早く刀をささずに校内を歩いてみせたため「彼は武士の一番大切な魂を失ってしまった」と言われましたが、いかにも堂々と「刀剣はもともと刀鍛冶が造った一片の鉄片ではないか。その鉄片を失っても、どうということはない。自分の魂は、そんなものには左右されない神聖なものだ」と答えたといいます。

作人館を出たあと、全国を転々としたのちに工部省に入り鉄道事務官の時代、長官であった井上勝（小岩井農場の出資者の一人）に要注意人物として目をつけられ免職されそうになりましたが、いち早く察した彼は、ある宴席で井上に議論をふっかけ鉄拳をくらわせたのです。しかし、その場で免職を言い渡せば、なぐられた腹いせだと思われると考えた井上は、阿部を免職にしませんでした。阿部はそんな、ある種の奇行に富んだ男でした。

この事件の直後の明治22年（1889）2月、阿部は16歳年下の辰子と結婚したのですが、井上長官に鉄拳をくらわせた話は、おそらく辰子には伝わっていなかったと思われます。

実は辰子は、人も知る書家でした。ひとたび紙に臨めば墨痕淋漓《ぼっこんりんり》、他の書家の追随を許さなかったといいます。男性的な書を草しましたが、表面的には阿部とはまったく対照的で、周囲の人たちからは非常に謙虚でおしとやかに映った人でした。しかし結婚にいたっては、ひと目で英気満々、前途洋洋たる阿部に未来を感じ、一生を託すことにしたといいますから、辰子の表面からはうかがい知れない大胆な人柄も浮かび上がってきます。

伊藤公に夫の先祖を語る

そんな辰子が内助の功を発揮する絶好の機会が明治27年（1894）4月に訪れました。それは阿部が衆議院議員のときで、総理大臣だった伊藤博文が邸宅を訪れたのです。そのおり辰子は、前九年の役で源頼義・義家親子と戦った安倍頼時・貞任、宗任の親子兄弟が9年間の抵抗の末に敗れ、頼時は戦死、貞任は処刑、宗任は京都に連行された話を『古今著聞集』から引用し、最後にもう一つ、あることも付け加えたのです。それは、その安倍貞任や宗任らの末裔こそが自分の夫であるということでした。

伊藤公は辰子の話に非常に感銘し、さっそく彼女のために「吾郷楳荘《あきょうばいそう》」（宗任が宮廷で大宮人から梅の木を差し出された折、とっさに歌で応じ、みちのく人への敬意を高めた故事）の揮毫をしたためてくれました（楳は梅に同じ）。この時から、辰子は書家の号として、もっぱら「吾郷楳荘」の4字を使用するようになったのです。

その後の阿部ですが、明治29年（1896）1月、45歳のとき群馬県知事となります。本県出身では初の他県知事です。それから東京府知事となるのですが、辰子はその時代、芝公園内の知事官舎で暮らしました。阿部が政界で活躍しているとき、辰子もまた周囲の人たちに書道を教え、夫のいない時間を有効に使っていたといいます。

千葉、富山、新潟の各県知事となり、それを辞職した年の明治40年（1907）秋、阿部は盛岡市安倍館に自分の別荘（現在の一ノ倉邸）を建てました。来盛したときに、友人や知人たち、協力者たちに日ごろの感謝を述べるとともに、一献交えながら情報交換したいと思ったこともあったのでしょう。結果的にこの別荘は、辰子の心を解放させ、救ってくれる場所にもなるのです。

それは、阿部が東京府知事（2度目）となったときでした。東京ガス疑獄事件に関与し、2度の召喚で疲れはて、辞職せざるを得なくなります。辰子はこのころ、世間の風当たりを避けるためもあって数年間、その別荘に身を寄せていたようです。この時代のことはよく知られていません

安倍館町にある一ノ倉邸

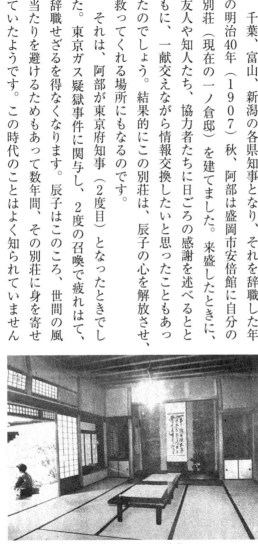

が、時折、別荘の周辺を散歩していた辰子は、寄って来る子どもたちにチョコレートをあげたりしていたといいます。おしとやかで優しい中年夫人・辰子の姿が周囲の人たちには垣間見られていたようです。

疑獄事件の直後から、阿部は持病の糖尿病や心臓病、腎臓病などを併発し、大正11年（1922）10月、東京品川で70年の人生に幕をおろしました。親友原敬が東京駅で暗殺されてからほぼ1年後のことでした。

夫が亡くなったあとの辰子は、友人の世話で芝の三田四国町にあった戸板女学校内に住みこみ、同校で書道を教えながら、ゆったりとした晩年を送ったと伝えられています。

（2013年12月号）

山屋他人夫人
山屋貞子（1877―1960）

明治30年代後半の家族写真

山屋他人といえば盛岡出身の海軍大将ですが、皇太子妃雅子様の曽祖父としても知られています。盛岡藩の下級士族に生まれ、上京して攻玉社から海軍兵学校に進み海軍大将にまで上りつめたその裏には、血のにじむような努力があったようですが、妻となった貞子は神社の娘で、何事も明るく考える前向きな人でした。

聡明で明るく周囲を和ませた妻

貞子の父・丹羽与三郎は、神奈川県の鎌倉八幡宮や寒川神社の宮司をした人で、なかなかお堅い人でした。しかし、娘の貞子には違いました。貞子が兄の瑞足《みずたり》とけんかをしても、与三郎は瑞足ばかりを大声で怒鳴り、貞子には「さーさっ」と、がらりと声を変えるほどの甘やかしぶりでした。

貞子は7人兄弟の5番目の長女で、上には4人、下には2人の男兄弟ばかりの中で成長したので、遊びといえば木登りや竹馬、剣げきごっこなどと、男の子のように活発に育ちました。貞子が生涯明るい性格だったのは、そんなところからきているのでしょう。

明治初期の少女時代、攻玉社女子部に学んだのは、教育熱心な父の勧めでした。そこでイギリス人に英語を習ったので、英語の読み書きはもちろんのこと、会話も少しはできました。この時代の女性にしては、かなり進んだ教育を受けたといえるでしょう。

貞子は父の勤務の関係か、愛知県で生まれました。そのせいか、後年まで時折ふざけて名古屋弁を使って周囲を笑わせています。たとえば海軍のことを「きゃーぐん」とか「そいでなも」とか「なんでぃやーもん」とかいう名古屋特有の言葉をしゃべったものでした。

その丹羽家の長男教忠は海軍兵学校に進み、山屋他人の先輩でした。貞子と山屋の結婚の裏に、おそらくそのことが関係していたと思われます。

盛岡から上京後、山屋も貞子と同時期（明治10年代前半）にこの攻玉社に学んでいるので、後に2人はその因縁浅からざるを知り、少なからず驚いたと思われます。

2人の結婚は明治29年（1896）夏でした。東京麻布の狸穴《まみあな》で新婚生活を始めた2人は、すでに息子を頼って盛岡から上京してきていた父勝寿と母ヤスも含めて4人で暮らしたのです。

1人っ子で育った山屋は、どこかでその悲哀を感じていたのか、なかなかの子沢山でした（当時としては普通だったのかもしれません）。約20年間に9人の子どもをもうけていて、大正5年（1916）生まれの寿々子が末の子でした。

その寿々子が昭和11年（1936）11月に江頭豊と結婚し、2人の間にできた1人娘が優美子さんで、その優美子さんが小和田恒氏と結婚して生まれたのが雅子様です。

大正時代の山屋家は麻布本村町《ほんむらちょう》に居を構えていました。その間、海軍中将から大将へと累進しましたが、山屋の家はその辺の家と変わりない平凡な二階家でした。しかし、大正9年（1920）8月、横須賀鎮守府長官になって、その家を一時離れなければならなくなったのです。横須賀の官舎は、東京の本宅とは比べものにならないほどの広大な敷地でした。官舎の西側は小高い山になっていて、そこからは横須賀の市街が一望できました。

山屋他人

よく外国の艦隊が横須賀に入港すると、その日は必ずガーデンパーティーが開かれました。それは、子どもたちにとって楽しい時でもあり恐ろしい時でもありました。というのは、背が高く赤や黒のひげが顔じゅうふさふさと生えているような人種を見るのは、ほとんど初体験だったからです。

妻の貞子はその日、若い士官の奥さんたちや鎮守府から派遣されたコックやお手伝いさんをてきぱきと指示して料理を作りました。

夫妻で1度だけ来盛

山屋は日清戦争の時は大尉で仮装巡洋艦西京丸の航海長として従軍し、日露戦争のときは中佐で日本海海戦に参加、笠置艦長として東郷平八郎率いる戦艦三笠の周辺にいて功をあげました。バルチック艦隊に対する東郷のとった敵前回頭の戦術、いわゆるT字戦法は、かつて山屋が大学校教官のときに編み出した円戦法を改良したものといわれています。海軍での功績がありながらも、山屋は自分の過去を誇ることもなく、いつも寡黙でした。退役してからは、南部家の顧問役を引き受けた以外、すべての役を断りました。

郷里盛岡では「おらが大将」として知られていましたが、退役後、1度だけ夫妻で盛岡入りしたことがあります。代議士の鈴木巌（鈴木彦次郎の父）から依頼されていた「盛岡鎮守」の揮毫をしぶしぶ（山屋は最初、書家の新渡戸仙岳や山口剛介を推薦して辞退していました）書いて送ったのが、ついに盛岡八幡宮鳥居横の社標に彫られ、昭和6年（1931）9月末に完成していたからです。それを見るために、昭和8年（1933）10月、夫妻で訪れたのです。

勤務の関係もあって、これまで貞子をほとんど連れて歩かなかった山屋でしたから、いつまた来れるか分からないと察したのでしょう。夫妻はこの訪問で、親類の神明町の野辺地家に泊まりながら、精力的に郷里をまわりました。唯一の母校である城南小学校ばかりではなく盛岡中学校（現盛岡一高）にもまわり講演までしています。生徒たちには、海軍大将の偉い軍人さんというよりは、優しいおじいさんと映ったようです。

これが貞子にとって最初で最後の盛岡入りとなり、帰京してからの夫妻は、また平穏な生活に戻りました。どてらを着て好きな菊を手入れしているときの山屋は、はた目からは、かつて海軍大将だったとはちっとも思われないほど普通のおじいさんに見えました。それに寄り添う貞子もまた、普通のおばあさんでした。

（2014年1月号）

石川啄木夫人

石川節子

石川節子（1886―1913）

節子の人生は、石川一（啄木）という1人の夢多き青年との運命的ともいえる出会いから大きく変わることになりました。彼女の27年の短い一生が、はたして幸福だったのかということになると、それはなんともいえません。しかし節子にとって、夢も挫折も共にしたただ1人の男性が啄木その人であったことは確かな事実なのです。

夢と挫折を生涯共にした妻

私立盛岡女学校（現白百合学園高等学校）の生徒堀合節子が石川一という青年と知り合ったのは明治32年（1899）です。まだ石川一が盛岡中学校（現盛岡第一高等学校）2年生のころで、もちろん啄木などというペンネームを用いるずっと以前のことでした。啄木は節子との恋にのめりこんでいったことと、文学熱にはまっていったことで、退学（明治35年10月）を余儀なくさせられてしまいます。しかし、節子が恋人である啄木に求めたのは、お金でも地位でもなく、退学にまでなった彼の豊かな文学的才能だったと思われます。

2人の結婚は、知り合ってから6年もたった明治38年（1905）5月のことでした。式の日、節子は上京中の啄木を待ちましたが、啄木はとうとう現れませんでした。すでに東京を発ったことは分かったものの、その後の足取りが杳としてつかめないのです。じつはそのころ啄木は仙台にいて、詩人土井晩翠や友人たちの世話になっていました。

そんなある日、節子は仲人の2人から呼び出され、啄木の数々の不義理や大言壮語、奇行などをあげて、結婚を断念しなさいと言われたのです。即答をさけた節子は、ほどなく両人に手紙を送りました。その内容は、今まで自分にそそがれてきた啄木の深い愛を信じているので、あなたがたがなんと言おうと「吾れはあく迄愛の永遠性なると云ふ事を信じ度候」という毅然としたものでした。

住まいは転々、不和しばしば

二人の新しい生活は明治38年（1905）6月、盛岡市帷子《かたびら》小路から始まりました（現在の新婚の家）。しかし、3週間後には加賀野瓦町に居を移します。そこは、清流中津川のせせらぎが聞こえる閑静な住宅地でした。そのころ、啄木は友人大信田落花の力添えをえて文芸雑誌

『小天地』を出しました。それには節子の歌も20首掲載されています。そのうちの1首を紹介しましょう。

我が思は影なき日なり
とこしえの生羽と化して
み胸つつまん

節子は、夫啄木への熱い思いや情念の深さをこのように詠み上げています。

明治39年（1906）3月、石川一家は生活の困窮などで盛岡から渋民に戻り、啄木は渋民尋常高等小学校の代用教員の職を得ますが、校長排斥のストライキを扇動したことで、北海道への漂泊の旅に出ます。

その間の12月末、節子は出産のため盛岡の実家に帰ります。このとき啄木に「私は君を夫とせし故に幸福なり」という心から充実した手紙をしたためています。

節子はその後、生まれたばかりの長女京子を連れて函館の青柳町で親子3人水入らずの生活をすることになるのです。ここで啄木は函館日日新聞の遊軍記者となったのち、札幌の北門新報社、小樽日報の記者となるものの、社の内紛で暮れに退社したため、節子は収入の道が途絶えたまま年末年始を迎えています。

あけて明治41年（1908）1月、啄木は釧路新聞社に勤務しますが、さいはての地の生活に耐えられず4月、節子や京子を函館に残して上京します。札幌、小樽、釧路と啄木が転々とする間、節子は一緒に住んだり別れたりと、後の行き違いの遠因となる芽も生じています。

翌年、啄木は盛岡出身の朝日新聞社編集長佐藤北江の厚意で同社に校正係として入社が決まりました。そのため函館にいた節子は京子と一緒に夫のいる本郷区弓町の喜之床《きのとこ》に間借生活をします。ところがある日、節子は京子を連れて家出をします。啄木の母との確執が原因でした。これを金田一京助と新渡戸仙岳（啄木が盛岡高等小学校時代の校長。郷土史家）が取りなし、二人は盛岡から東京に戻るのです。

明治43年（1910）10月、待望の男の子真一が誕生しますが、3週間余りで亡くなってしまいます。貧乏生活のうえに、啄木ばかりを溺愛する義母との不仲や子どもの死と、以前にもまして節子は苦しみと悲しみに襲われていきます。

啄木と節子

翌年は、啄木の慢性腹膜炎の進行と節子の実家への帰省をめぐってトラブルが起き、堀合家と義絶。9月にも同じようなトラブルで、啄木は親友で義弟（節子の妹の夫）でもあった宮崎郁雨と義絶してしまいます。
それから半年後の3月、義母カツが肺結核で亡くなり、そのまた1か月あまりのちの4月13日朝、今度は最愛の夫啄木が亡くなります。最期を看取ったのは節子や義父、若山牧水らでした。死因は義母と同じく肺結核でした。

啄木の死後、節子は結核療養のため千葉県に移り、そこで次女房江を出産します。9月、節子は2人の遺児を伴なって函館の青柳町に借家住まいし、啄木の遺骨をここに移し、墓地も立待岬に定めて葬りました。それから2か月もしない大正2年（1913）5月5日午前6時40分、節子は実母や妹、宮崎郁雨らに見守られ函館の病院で亡くなりました。啄木と同じ肺結核で、啄木の死後1年余りのことでした。

節子は生前、啄木に焼けと言われていた日記を残しました。それは『啄木全集』の2巻にも相当する分量でした。「啄木が焼けと申しましたんですけれど、私の愛着が（そう）させませんでした」と節子は啄木への深い思いを吐露しています。

多くの挫折を味わいながらも、啄木の詩人的才能に最後まで夢をもち続けた妻節子。しかし、それが薄幸であったかは、節子自身がなにも語ってはいないのです。


（2014年2月号）

深沢省三夫人

深沢紅子（1903―1993）

深沢紅子

「深沢紅子の稀有《けう》なやさしさを讃えない人はいない。はげしい言葉や他人を無視する態度をあらわしたことはない。感謝と思いやりとを忘れたことがない」。深沢紅子野の花美術館の初代館長・志賀かう子さんは、紅子の無限の優しさをこう表現しています。それは、盛岡の誰からも好かれた女流画家の精神を語って余すところがありません。

二人三脚で歩んだ充実した生涯

紅子は明治36年（1903）3月、盛岡市に生まれました。旧姓は四戸。家では父が特に絵や文学に理解を示していたので、紅子は小さいときから田舎では考えられないような一流の絵かきに師事できました。岩手師範附属小学校に学んだとき、同校の図画教師に佐藤瑞彦がいて、この人の指導に強い影響を受けました。盛岡高等女学校（現盛岡第二高等学校）時代は、もっぱら池田龍甫の指導を受けました。その示唆もあって、紅子は東京女子美術学校（現女子美術大学）日本画科に入学しましたが3年で転部し、同校油絵科に移って岡田三郎助に師事することになります。前年にゴッホの「ひまわり」に衝撃を受け、洋画を学ぶ決意をしたからです。

関東大震災の起こった大正12年（1923）、紅子は前年からお付き合いしていた深沢省三と結婚します。一人娘だったので、親は反対したようですが、同じ道の2人だったし、郷里も同じくした仲だったから、紅子は安心して結婚に入っていけたのでしょう。

昭和11年（1936）、紅子は一水会に入りました。その翌年から、紅子は精力的ともいえるほどこの会に出品し、第5回の「スカーフの女」で見事、一水会賞を受賞するのです。日本が戦争に突入するのが必至であった当時において、こんな垢抜けた新鮮な輝きを発する絵を画けたことに、紅子の強靭な精神性を垣間見る思いがします。

結婚後の省三もまた、絵の世界で精力的な活動を続けます。結婚前から関係していた鈴木三重吉の主宰する『赤い鳥』の挿絵は昭和11年（1936）まで続けました。大正9年（1920）に初入選していた帝展は、以後7年間入選を続け特選にもなっています。

昭和2年（1927）には日本童画家連盟を結成し、『コドモノクニ』や『子供之友』などに盛んに童画を描きました。13年（1938）6月には従軍画家として蒙古に渡り、終戦の年まで現地で制作に励みました。その年は、紅子も4か月ほど遅れて陸軍従軍画家として大陸へ渡ったのです。このとき「妻来たる」の報を受けた省三は、居てもたってもいられず、数百キロのゴビ砂漠をラクダに乗って越えて無事、紅子と合流しています。二人にとって一瞬ではあったが、生涯消えない感動の瞬間であったことでしょう。

美術を通じて心ゆたかに

蒙古での数多くの作品に後ろ髪を引かれながら省三は帰国し、終戦の年の暮れ、盛岡に移り住みました。紅子はその前に、省三の帰国の見通しのないまま、すでに吉祥寺の自宅を処分し、盛岡に帰っていました。こうして2人は暮れからようやく一緒になり、岩手の美術界の将来を語り合っていくのです。

終戦直後の食うや食わずのころ、2人は盛岡の人たちのために何ができるのだろうと真剣に考えました。そして「自分たちのなすべきことは、美術を通じて人々に心の豊かさを取り戻してもらうこと」という答えに行き着き、それを実行に移すべく敢然と立ち上がっていったのです。夫妻は昭和21年（1946）5月、子どもたちのために日曜図画教室を発足させ、翌年には岩手美術研究所を立ち上げて若者たちの指導にあたりました。この頃はまた、夫妻にとって盛岡生活学校や少年刑務所などでの美術指導の仕事が増えていった時期でもありました。

その精力的な活動が実を結んで、2人が主宰する絵画教室はいつも盛況でした。もう一度絵を描こう、そして絵から元気をもらおうと盛岡市民に呼びかけた結果が徐々に現われ始めていったのです。

そのころ夫妻の主宰する絵の会に参加した写真が拡大されて野の花美術館に飾られていますが、盛岡の郊外での写生会のあとに撮られたと思われるそれを見ると、深沢夫妻を囲んで子どもから大人までの百人余りの人たちが実に溌剌とした表情をしています。

省三が開設した岩手県美術研究所は昭和23年（1948）、県立岩手美術工芸学校となり、省三は教授となりました。その翌年、今度は盛岡短期大学美工科が創立され、紅子が教授となりました。それらのことが認められ、同年10月、省三と紅子とは同時に岩手日報文化賞を受賞しています。

深沢夫妻は、県内で絵画を画きたい人たちの心をくんで、多くの人たちの心に寄り添いました。県外に出なくても、いい先生について美術を学ぶことができるという確信です。岩手の美術界の水準が決して低くはないことの一つは、おそらく戦後間もなくの深沢夫妻の活動によることは間違いなくいえるでしょう。

平成8年（1996）9月、中津川のほとりに深沢紅子野の花美術館がつつましく開館したのは、そうした盛岡をこよなく愛した紅子の精神を盛岡市民に伝えるためです。

野の花美術館の名の由来はおそらく、紅子が生前、志賀かう子さんに語った「私はすべて野の花から教えられた。陽だまりあり、半日陰あり、水辺あり、与えられた場所で花々はいのちの限りを咲く。自己主張をせず、だがどの花も強い。踏まれても静かに咲いている」という言葉から採られたものでしょう。

同じ道の2人でしたが、2人が美術論で言い合いになったことは聞いたことがありません。省三の大らかさとともに、紅子の「稀有なやさしさ」ゆえのことだったと思われるのです。

（2014年3月号）

盛岡の「野の花美術館」

縁の教育者たち

新渡戸稲造（1862―1933）

新渡戸稲造

戦前の日本を代表する国際人として有名な新渡戸稲造ですが、じつは新渡戸の真骨頂は教育にありました。数多くの学校に関係した新渡戸は、知識よりも人格の陶冶に重点を置いた人でした。カリスマ教師が人気を博し、わが子に知識をいっぱい詰め込んでくれる教師がもてはやされていますが、その対極のところに新渡戸はいたのです。

人格の陶冶に重点をおいた教育者

東京女子大学の学長についた大正7年（1918）春、新渡戸はこの学校の教育方針を次のようにしたいと思っていました。

「少数の学生と先生、まるで1個の家族のようなもので学課もきわめて厳しくな（く）時間には充分余裕があり、試験を目的の詰込主義はやめようとの方針で…なるものなら1日2時間くらい授業…、あとはめいめい好きなものを読むか…各自の研究をすること」なるべく勉強から開放して、学生の自主性や思考力を養い、自然に親しみをいだく心優しい女学生たちを育てることが主眼でした。ですから校章も、「犠牲＝sacrifice」と「奉仕＝service」の精神を持って世の中に尽くしてくれるようにと、その頭文字を２つ組み合わせた形にすることを新渡戸は提案したのです。

しかし、新渡戸自身はどうだったのかといいますと、札幌農学校の学生時代、目がつぶれるほどの猛勉強をしているのです。なにしろ札幌農学校図書館の蔵書（すべてが英語）の文科系の本をすべて読もうという決意でしたから、内村鑑三が、新渡戸は近々目が見えなくなるのではないかと心配しているくらいです。

そんな新渡戸は、人生問題に深く悩んでいました。人生をどのように生きるのが最良なのだろうかという根本の問いです。ここが知識だけを思いっきり頭に詰め込めばそれで事足れりとする現代のエリートたちとの大きな違いなのです。

数年間、悩みに悩んだ新渡戸は、アメリカに留学後、キリスト教のなかのクエーカーという宗派にいきつきます。自己は質素倹約を旨とし、慈愛の心で他人に接し、戦争には絶対反対で、この世の中を少しでも良くすることを惜しまない宗派です。日本人で最初にクエーカーになった新渡戸は、この心を持って、その後の人生を迷うことなく進んでいくのです。

犠牲と奉仕の精神

母校札幌農学校の教授についたときは、学校の授業は言うに及ばず、近くのスミス女学校や北鳴学校（北海道初の私立中学校）に頼まれて、その経営に携わったほか、数多くの講演や様々な雑誌に寄稿したりと八面六臂の活動をしています。新渡戸は自分の学校だけでアップアップするような人ではありませんでした。

札幌農学校のほかに、時おり道内の実地調査や農業指導の巡回に行きました。その折、手配された2等切符を持ちながらも3等車に乗ったものでした。そこで農民や人夫たちの話を聞くのが好きだったからで、そういう人たちのふところに飛び込み、奥深い農業の情報をさりげなく得ていたのでしょう。

農村をまわるときには決まって茶褐色の厚司《あつし》の上っ張りを着て、わらじばきで山野を歩き、夜は自分から進んで木賃宿のような安い宿に泊まったりもしました。

また、授業は脱線に脱線を重ねていくのですが、幅広い知識とユーモアを交えて話すので、自然に学生たちは新渡戸の授業に引きつけられていったといいます。それが雑談のように見えて、じつは教えたい主題が必ず入っていたので、学生たちは知らず知らずのうちに大事なことを会得できたのでした。

さらに、農学校内に農政、経済、植民の研究会をつくったり、史学会をつくって郷土研究を始めたりもしています。放課後はイギリスの文豪カーライルの話をし、日曜日ごとに自宅を開放して聖書研究会なども開きました。

学生たちと一言でも多く話したかった新渡戸は、教職員のトイレは使わず、努めて学生用のトイレに行ったものでした。

授業料を払えない学生に代わり、学費をすべて支払って卒業させたり、旭川から札幌の薄野に売られようとしていた女の子を、たまたま乗り合わせた乗合馬車で救い、自分の家で育てたりと、新渡戸に助けられた学生が何人いたのか、今でも定かではありません。

勉強ができなくても恥じることはない

そのほか新渡戸夫妻は、学校に行けない貧しい子どもたちのための遠友夜学校を造りましたが、その募集要項は、まったくユニークなものでした。こまごまとした規則など、ちっとも書かれていません。たとえば次のようなものです。

一．世界で1つの学校。これほど、どんな人でも入れる学校はありません。

盛岡市下ノ橋町の生家跡にある銅像

一・いくら年をとっていても差し支えありません。
一・いつでも入れます。
一・男でも女でもかまいません。
一・先生は諸君の友達です。

こんなに簡単で分かりやすい規則が書かれている学校なら、学んでみようと思うのも分かるような気がします。ここで新渡戸らが教えたのは本当に基礎的なことで、それが済んだあとは、心の交流に重点を置き、リンカーンやジャンヌ・ダルクなどの偉人を話題にしながら、清くたくましく生きた人たちの話をしみ込むように教えたものでした。

ですから新渡戸は、よくこんなことを子どもたちに語ったといいます。

「いいかい、人物さえ良ければ少しぐらい勉強ができなくても恥じることはないんだよ」

かつてこんなユニークな教育者がいたのです。それも我々の町盛岡の出身だったのです。忘れてはいけない人だと思います。

（2014年5月号）

冨田小一郎（１８５９―１９４５）

小一郎と妻の眉（明治15年）

盛岡を代表する教育者といえば、冨田小一郎でしょう。冨田は、盛岡商業高校と盛岡市立高校という2つの学校の創立者ですが、一般には、ほとんど知られていません。盛岡中学で石川啄木の担任となり、彼から山羊《やぎ》とあだ名された先生です。冨田は、波乱に富みながらも、高尚かつ快活で男らしい生き方を貫いた人でした。

継ぎはぎの服を着た日本一幸福な先生

昭和15年（１９４０）の正月、新藤武（音楽教育家で、のちに岩手大学教授）は、中津川沿いにあった盛岡女子商業学校（現・盛岡市立高等学校）を訪れました。校長の冨田小一郎へ新年の挨拶をするために、しまっておいた一張羅の洋服に新しいネクタイをして参上したのですが、その折、終始恥ずかしい思いをしつつ冨田と向かい合っていました。

「先生…の洋服はと見ると、まさに天下の奇観だ。元は相応の背広服であったろうが、上衣もチョッキもズボンも、至るところ継ぎはぎだらけだ。ことにそのズボンは満身創痍だ。おそらく女生徒の習作の材料になったものであろう。下手なミシン跡が現前たりだ。私はああいう洋服をいまだかつて見たことがなかった。よくもこういう洋服を身に着けていられるものだと感服してしまった」(『不屈の人—冨田小一郎』より)

新調し隙がないほどに決めた人が、継ぎはぎだらけの服装の人の前で、恥ずかしい思いをして話を交わし感服するというアベコベの描写に、むしろ新藤という人の偉さも感じてしまいます。このように冨田という人物は、日常そういう服装でいることに、ちっとも恥ずかしいと思わない人でした。

そんな冨田も、この半年前の6月、盛岡中学(現盛岡一高)時代の教え子たちから東京赤坂の料亭に招かれたときには、さすがに人並みの格好をして臨んでいます。社会的に偉くなった昔の教え子たち(米内光政や板垣征四郎、金田一京助、鹿島精一、郷古潔、出渕勝次、野村胡堂ら約50名)は、冨田先生がどんな服装でくるのかと楽しみにしていたようですが、それなりの格好で現われたので、がっかりもしたが、安心もしたといいます。それほど、冨田先生の尋常ではない服装は、かつての生徒たちにはよく知られていたのです。

この日、挨拶に立った冨田はこんなことを述べています。

「近頃、いかにも自分は平凡な人間であると痛切に感じた。これは別に偉くなりたいという欲望がないからで、したがって不平も起こらぬ」。すでに齢八十を過ぎていた冨田は、そんな境地になっていたのです。

その折、冨田が教え子たちと撮った写真が残っていますが、ちっとも偉そうではなく、こぢんまりと前列に座っている姿が、いかにも奥ゆかしい。むしろ教え子のほうが、貫録において数段勝っているように思えるほどです。

地上に家を建てぬ

冨田はまた、よくこんなことも言っていました。

「俺は地上には家を建てぬ。天国に家を建てるのだ」。そういう冨田でしたから、川留稲荷神社の敷地内にあったその家は、これがあの有名な教え子たちを育て、「日本一幸福な先生」と新聞に書かれた人のお宅かと思われるほど、質素で平凡すぎる住宅でした。

彼はその家で、全国の青年たちから送られてくる手紙（数学の通信教育）に答えていました。解答用紙が入ったその一つ一つの手紙に丁寧に赤を入れ、添削した答案を返していたのです。

若いとき冨田は、宮城英語学校から東京大学予備門（のちの第一高等学校）を経て東京大学政治理財学科選科を卒業し、明治20～30年代にかけて盛岡中学の教師をしていました。そのころの教え子たちが、のちにみな社会的に偉くなったので「日本一幸福な先生」と言われたのですが、教員時代の冨田は度を越すほどの厳しい教師で、よく勉強することを要求し、そうしない生徒はどしどし落第させています（石川啄木もそのひとり）。

冨田は大の生徒思いで熱血教師でした。ですから、自分の教え子たちからの便りや写真をアルバムにして大切に保管し、時折は引っ張り出して懐かしげに見てもいたのです。米内が偉くなって女子商業に現れたときには、ご対面の儀式をやっているくらいです。なにも事情を知らされていなかった女生徒たちは、今をときめく米内大将が学校に現れ、それも冨田校長に会いに来るというので、あらためて冨田の偉さを認識したものでした。

盛岡中学の教師時代ばかりではなく、通信添削でもそうですが、冨田は若い人たちを育てなければならないという情熱に溢れていた人で、東北で最初ともいえる岩手育英会の創立に参加し、多くの岩手の若者たちの学資を援助しました。

盛岡女子商業学校で、米内光政を迎える冨田小一郎と生徒たち

冨田にはまた、あの時代の人に通有な愛国の情が人一倍あって、戦時中、飛行機製造のためにと、たびたび国に献金しています。日本の運命が一大事ということに対しては、協力を惜しまなかったのです。しかし、親類の加藤貞行が軍医として出征するときは違いました。盛岡市内の料亭に貞行を招き食事をしながら「貞行さん、命ほど大切なものはないんだよ。必ず生きて帰っておいで」と訴えたといいます。軍部の人に聞かれたら大変なことになったでしょうが、率直な冨田は、彼にだけは本音を言いたかったのでしょう。

また、若いときから水泳をたしなんでいた冨田は、岩手山登山をして加賀野の自宅に帰ったその足で、北上川で悠々と「水が自分か自分が水か」という境地になって、ひと汗かくほどのストイックな一面も持ち合わせた人でした。

地上に家をつくらず、人を育てることに生きがいを感じた冨田小一郎。こんな教師は、これからも2人と出てこないでしょう。

（2014年7月号）

田丸卓郎（1872―1932）

田丸卓郎

帝国大学の物理学教授でありながら、生涯を物理学よりもローマ字運動に捧げた人、それが田丸卓郎（盛岡市出身）です。師である田中館愛橘（二戸市出身）の強い勧めからでした。科学者であり随筆家だった寺田寅彦の第五高等学校時代の恩師でもあった田丸は、学生思いで几帳面、物理学の知識をローマ字で広める役目を果たした人でした。

徹底してローマ字運動に捧げた生涯

田丸が帝国大学に入学したとき、物理学の師は田中館愛橘でした。田中館が講義をしているとき、田丸は黙って聞き入るばかりで、ほかの学生のように熱心にはノートをとりませんでした。たまにとるかと思えば、短い鉛筆でちょちょっと要点を書くだけ。

それでは試験はどうかというと、いつもずば抜けて良く、結果的には首席で卒業しています。

そんな田丸に惚れた田中舘は、大学に残ってもらいたく勧めたが、田丸は経済的な理由で五高教授として熊本に赴任していったのです。

田中舘はあきらめきれず、機会があれば田丸をどうにか東京へ招きたいと思っていましたが、そんなとき、助教授の定員に1人空きができました。ずっと待っていた田中舘でしたから、さっそく申し込んだことは言うまでもありません。ところがもう1人、植物学の某教授も申し込んだので、ついに2人で「くじ引き」になったのです。

植物学の某教授が先に引いたものの、結果が怖くて見れないでいるうちに、田中舘が引いて、さっと見ると「当たり」と出ていました。「このときの嬉しさは今に忘れない」と田中舘が書いているほどです。

この「くじ引き」が田丸の運命を決めたのですが、それはまた、この後の日本のローマ字運動の歴史的な始まりでもあったのです。

明治33年（1900）9月、こうして田丸は東京帝国大学助教授となって東京に移り住みました。それから物理学研究のためドイツに留学し、熱電気に関する研究をおこなって帰国したのが明治38年（1905）6月。その間、のちに有名な音楽家となる滝廉太郎とも留学仲間として交流しています。

この留学で田丸が物理学研究を深めたことは勿論でしたが、2つの副産物も得ました。完全

田中館愛橘

にローマ字論者（明治20年代から田中館に感化されてはいた）となったことと、音楽の素晴らしさや楽しさにも触れたことです。

帰国して4か月後、東京に1つの小さな会ができました。「ローマ字ひろめ会」です。この会の中心人物は田中館ですが、そのころ東京帝国大学理科大学（現東京大学理学部）教授で、噴火した駒ヶ岳の調査や度量衡、航空問題などの研究に没頭しなければならず、ゆっくりと「ローマ字ひろめ会」の運営に携わることなどできる状態ではありませんでした。

そこで、田中館のローマ字運動に敬意を表していた田丸に白羽の矢が立ったのです。田中館と田丸とは同郷で同学だったこともあって、2人の関係はその後、一心同体ともいえる関係に高められていきました。

2か月後のニュートン祭（東京帝国大学理科大学のクリスマスの日のイベント）では、帰朝談として長々とローマ字国字論を語っています。

そのころ田丸は物理学研究の合間に、教え子ですでに講師だった寺田寅彦などとバイオリンを弾きながら、いつの間にか寺田をローマ字論者に巻きこんでいました。

田丸はその後もますますのめりこみ、大正3年（1914）に『ローマ字国字論』を、同9年（1920）は『ローマ字文の研究』などを出版。興味深いのは、物理学の本である『Rikigaku』までも全文ローマ字で書いていることです。田丸の徹底ぶりが分かると思います。

長岡半太郎からの注意

しかし、かつて田丸はその優秀さゆえに、帝大の学生時代、注意されたこともあったのです。もう1人の師である長岡半太郎（原子模型の考案者）からです。長岡は「あなたのような優秀な頭脳をローマ字運動などに使うとは、じつにもったいない。それをまだまだ遅れている日本の科学の研究に使うならば、きっと大きな成果を生み出すだろうに」と諭しています。しかし田中舘はまったく違いました。

「物理の秀才は4、50年もかかったら1人ぐらいは現れるだろうが、ローマ字問題のような最重要なことは、この希にみる天才（田丸のこと）によってのみ、文法、綴り字、語法などの大業がなされうるのだと私は信じている」

名誉も利益も求めず、いつ効果が表れるかしれないローマ字運動に尊い頭脳を傾ける田丸にこそ、やり抜いてもらわないといけないと切に願っていたのです。

当の田丸も、帝大での講義のほかの大部分を、喜々としてローマ字運動にさいていました。物理の講義のときでさえ、ローマ字を使って帝大生に説明するという念の入れようでした。

昭和6年（1931）秋、田丸は健康を害し日光に転地療養しましたが、9月22日ついに亡くなりました。享年60でした。

田丸への追悼文を、愛弟子の寺田寅彦は次のように記しています。

「(田丸先生は) いかなる事がらでも、ちゃんとしておかなければ決して済まされなかった。先生が、もう少しだらしない凡人であってくれたら…」

そうであったなら、もっと長生きができて、後進のためにいろいろ親切に面倒をみてくれたに違いないというのです。田丸の何事に対しても几帳面なところが、命を縮めたのかもしれません。

確かに田丸は、物理学の研究よりもローマ字運動にのめり込みすぎたきらいはありました。しかし、それは若き日に留学し、ローマ字の大切さを身にしみて知ったからであって、田丸は田丸なりの生き方を真摯《しんし》につらぬいたといえるでしょう。

（2014年9月号）

藤根吉春（1865―1941）

藤根吉春

後藤新平や新渡戸稲造は、台湾農業の礎《いしずえ》を築いたことでも知られますが、その新渡戸の下にいた藤根吉春のことは、めったに語られません。先月号で真山氏も書いておられますが、藤根は台湾の青年に農業教育をほどこしたばかりでなく、盛岡農学校（現盛岡農業高校）の校長として多くの若人《わこうど》を育て、「本県農業教育の父」と言われているのです。

「本県農業教育の父」と言われた男

戦前、台湾に銅像を建てられた岩手県人が3人います。後藤新平と切田太郎、藤根吉春です。意外なことに、新渡戸稲造の銅像は建てられていないのです。

その3人のうちの1人、藤根吉春は盛岡生まれで札幌農学校（現在の北海道大学）を卒業し、台湾総督府では新渡戸の下で農業教育に尽くしました。

そういう経歴の藤根を盛岡に呼んだのは、すでに本県知事になっていた大津麟平でした。大津はその前に台湾総督府に勤めていて藤根と同僚だったので、盛岡農学校校長のポストを藤根に用意したのです。

農学校校長についた翌々年の大正6年（1917）、藤根のもとに1通の手紙が届きました。2年前まで教えていた台湾の農業教育養成所の教え子たちからでした。

「藤根先生はほぼ20年にわたって、この養成所で私たちに農業の基礎から応用まで実に根気強く教えてくださいました。我々はそれに感謝し、このほど先生の等身大の胸像をつくり、先生の勤められた台湾農事試験場内に建立しましたが、それと同じ模型を贈らせていただきます」という文面でした。

それから間もなく、藤根はその胸像のレプリカを万感の思いで受け取りました。藤根の胸には台湾での数々の思い出が去来したことでしょう。

寛大だった「ブルドッグ」

藤根の風貌は一見して怖く、まるで赤銅色でブルドッグのようでした。ですから農学校内では「ブルドッグ」のあだ名がついていましたが、本人はもちろん家族も周知の事実だったものの黙殺していました。

しかし、そんな風貌に似ず慈愛に満ちた態度だったので、生徒たちはだんだんと校長室に来るようになり、なんでも相談されたものでした。

藤根の度量を示す次のような逸話が残っています。

あるとき、生徒の1人が馬車馬の肉を解剖室の窓から投げたのです。ところが、ちょうどそのとき、藤根校長がその窓の下を通り、黙って拾って何ごともなかったように通り過ぎて行ったのです。投げた生徒は、きっと校長から呼び出しがくるだろうとはらはらしていましたが、その後、なんにもおとがめがなかったといいます。

藤根はその精神を台湾時代、新渡戸から学んだと思われます。台湾時代、藤根は青年たちに農業教育をしたあと、夜は決まって酒場に繰り出し、飲み歩いたものでした。それはほとんど毎日のように続いたのですが、新渡戸はうすうす知っていながら、ひとつも注意することはありませんでした。夜は繁華街に出歩いているといっても、昼は農業教育に精進していてまったく落ち度がな

藤根吉春（中央）とその家族

かったので、文句のつけようがなかったのです。

後年、藤根はそのことを回顧し、新渡戸の寛大な心に非常な感謝の念をもって記しています。その藤根は、ほかの教師が休むと、代わりに英語や修身を教えたりしました。修身の授業では、札幌農学校時代の恩師だった佐藤昌介（花巻出身）や新渡戸稲造、南部中尉の話をし、生徒の人格形成に効果的な教えをしたものでした。

藤根は生徒たちのスポーツには寛大でした。特に剣道と相撲には目がなかったようで、記念誌を見ると両部の生徒たちと写っている写真が圧倒的に多いことがわかります。

優勝したときは、優勝旗を先頭に選手や応援団が、そのころ加賀野にあった藤根の自宅まで押しかけて報告をするのが恒例でした。ふだんは強面《こわもて》の藤根も、このときばかりは、にんまりしたことでしょう。

その折、名刺に一筆したためて生徒に渡し、彼らに粋な計らいをしています。

「優勝したからって酒は飲むなよ。これを持って丸竹に行って、あべ川餅を食ったら帰るんだぞ」

当時、丸竹のあべ川餅は1皿10銭でした。しかし、育ちざかりの生徒たちが勢いにまかせて食べるものだから、一時そんなツケが40円ほどにも膨れ上がったといいます。

藤根は確かに盛岡でも高給取りには違いありませんでしたが、こんな生徒たちのツケで、奥さんは家計のやりくりにそうとう苦労したようです。しかし、藤根と生徒たちのこのような関係は、その後もずっと続きました。

農学校の校長でありながら、藤根の教育方針は農業の世界にだけに閉じこもってはいませんでした。藤根の持論は、郷土の発展のためには、もっと各界に散らばって指導的な立場に立たなければならないというものでした。ですから、当時の卒業生たちは農業経営や農業団体にばかりではなく、学界、政界、地方自治体、教育、文学、芸術など多くの分野に進んでいます。おそらく、かつて学んだ札幌農学校の自由な気風が、藤根にそのような考え方をもたらしたに違いありません。

当時は県下にそれほど中等教育を受ける学校がありませんでしたから、確かに盛岡農学校には優秀な生徒たちが集まったのですが、それにしても、藤根の校長時代の生徒たちは、その後、多彩な方面に進み、各自がそれぞれの道で活躍したものでした。

当時の生徒たちは異口同音に「藤根校長をおいて、大正時代の農学校は語れない」とまで言っています。大正デモクラシーを肌でじかに感じる校風が、藤根の校長時代の盛岡農学校にはしっかりとあったのです。

（2014年11月号）

高橋康文（1894―1970）

若き日の高橋康文

もうとっくに忘れられてしまっていますが、岩手を代表するエッセイストです。岩手大学に長らく勤めた農業経済学者でありながら、求められて地元の新聞や雑誌に書いた文章は軽妙かつ洒脱《しゃだつ》で、全国にも誇れるエッセーでしょう。特に岩手日報に掲載された「ばん茶・せん茶」のエッセーは、名文家として彼の名を知らしめるには十分のものでした。

〝コウブンさん〟で知られた名文家

〝コウブン〟さんの愛称で親しまれた高橋康文は昭和35年（1960）、岩手大学学芸学部長を最後に退官しました。その同じ年に、長年岩手日報などに執筆していた「ばん茶・せん茶」などのエッセーが評価され、同社から文化賞をもらっています。そのときの岩手日報には「名文家として知られているが、実は農業精神史の研究に功績大で、とくに『座敷わらしの研究』

は民俗学会でも注目すべきものがある」と書かれているほどです。翌年には、盛岡市市勢振興功労者に選ばれていて、このころが彼の人生で一番栄光のときでした。

生まれは岩手郡平舘村（現八幡平市）。幼名は順次郎ですが12歳のとき康文と改名。自分の履歴書には「ヤスフミなれど世人もっぱらコウブンさんと称す」とあります。

盛岡中学校（現盛岡一高）から仙台の第二高等学校を経て大正10年（1921）、京都帝国大学経済学部を卒業。引き続き東京帝国大学大学院に進み、関東大震災の翌年の13年（1924）春、盛岡高等農林学校（現岩手大学農学部）講師となり翌年教授になりました。

ドイツやデンマークに留学したのは昭和5年（1930）で、7年（1932）には帰国しています。その間、「ヨーロッパの農業発達史」という地味な研究をしていますが、おそらくコウブンさんのことだから、ヨーロッパの農業ばかりではなく多くの町や人々の振る舞いなどをよく観察してきたに違いありません。この2年間に得たことは多々あったはずで、のちのコウブンさんの書くものに、それらが有形無形に散りばめられているのは、その表れでしょう。

じつは京都帝大の学生時代、コウブンさんはマルクス経済学者・河上肇の弟子で、マルクスの『資本論』に親しんだ人でしたが、結局はのめりこまなかったようです。留学経験により、マルクスの思い描いた通りに現実の世がなっていないことを実感したからでしょう。

昭和8年（1933）春には、ちょうど盛岡を訪問した新渡戸稲造を囲んで菜園の多賀会館で晩餐をしています。集まった人たちは盛岡高等農林学校と岩手医学専門学校（現・岩手医科大学）の教授20人ほどで、彼らに共通したことが1つだけありました。外国留学の経験者という資格です。コウブンさんも前年に帰国した有資格者でしたので、39歳ながら招かれたのです。

その後、コウブンさんは昭和19年（1944）には岩手青年師範学校校長、戦後の24年（1949）には岩手大学教授となり図書館長なども歴任しました。この時代の教え子たちも、もうかなりの高齢になって既に亡くなっている人も沢山います。こういう人たちからコウブンさんの思い出をあまり聞かないのは、少し寂しい気持ちがします。

ユーモアたっぷりの『あけびの花』

コウブンさんは昭和9年（1934）の『雑草園随筆』、13年（1938）の『教師の手帖』、14年（1939）には『山村風物詩』というように戦前続けざまに著書を出しましたが、戦後は38年（1963）の『あけびの花』（杜陵印刷）を出しただけで、45（1970）年2月には亡くなっています。

最後の『あけびの花』は、全編が笑いとユーモアにつつまれていて、コウブンさんの文章力ばかりではなく人柄をも彷彿とさせる絶品です。

コウブンさんの作品を読むと、人の話をよく聞き、要領よく記憶する人であったことが分かります。そうでないとエッセーなど書けるはずがないからです。それも、事実を干からびたように描写するのではなく、しっかりと咀嚼《そしゃく》し自分のものにして、そこに少し脚色をしてユーモラスに描写しているのです。ほとんどそういう肩ひじ張らない文章ばかりで、コウブンさんには悪いのですが、寝っころがって読んで時折くすっと笑える類のものが多く、いかにも心が和やかになるのです。

エッセーを岩手日報に書き始めたのは昭和27年（1952）からですが、なかでも「連想作用」という題の文には、まったく笑わせられます。コウブンさんの奥さんの姓は鏡です。その妻がまだ子どもの頃の話。同じ年ごろの女の子に苗字を聞かれたので「鏡よ」と教えた翌朝、そのお嬢さんが玄関にきて呼びかけたのは「ガラスちゃん、遊びましょ」でした。

アメリカ人に日本語を教えた人の話も面白い。「グッドモーニング」を日本語で何というかと聞かれ、「オハヨウ」と答え、「オハイオ州の名と同じように記憶しなさい」と付け加えたのです。翌日そのアメリカ人に会っ

絶版となった高橋康文の著書『あけびの花』とエッセー集

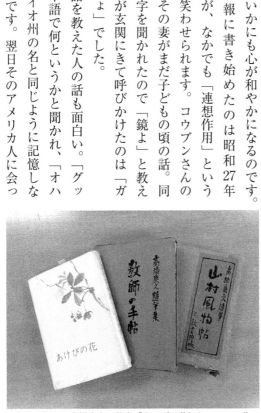

たら、いきなり「ケンタッキー！　ミスター何がし」と言われたというのです。こんなふうな話が全編に及ぶと言ってもいいくらいで、面白いことかぎりありません。

コウブンさんはこの世で4冊の本を出しました。しかし専門の農業発達史に関する書物は残していないようです。そのため、同じ大学の森嘉兵衛さんなどと比較して、コウブンさんを学者でないという人もいたくらいです。また、学校や学生たちに目を向けないで、外のマスコミばかり向いてと揶揄《やゆ》する人もおりました。

しかし、大学では普段は真面目に教えていたし、日々の職責を全うして粗相のなかった人でした。学校内ばかりではなく外に向かっても何気なく庶民教育や人物の面白さなどを普通に語れるこういう人こそ、余裕のあるじつに立派な人間らしい人だったと、私などにはむしろ思えるのです。

（2015年1月号）

南部英麿（1856―1910）

南部英麿

南部英麿は明治初期、いち早くアメリカに留学し理科系の学問をおさめて帰国し、内務省に勤めた後、東京専門学校（現早稲田大学）初代校長になった人です。大隈重信の娘・熊子と結婚し、別れてからは盛岡に帰って教師を勤めましたが、華々しい前半生の活躍とは裏腹に、後半生は熊子を想いながら、つつましい暮らしをした人でした。

盛岡出身だった早稲田大学の初代学長

南部英麿がアメリカから帰国したのは明治11年（1878）6月のことです。横浜から新橋に向かう鉄道の中で、彼の目の前の席に乗り合わせたのが、時の参議大隈重信の娘・熊子でした。熊子には、貴公子然とした英麿がまるで上品な若様にみえたらしく、たちまち好意をいだき、彼女の方から一目ぼれしたらしいのです。

英麿は幕末から明治維新をくぐり抜けた盛岡藩主南部利剛《としひさ》の次男で、はやくも明治3年（1870）に華頂宮博経親王に随行してアメリカに留学し、丸9年学んで帰国したばかりでした。アメリカではコロンビア、ダートマス、プリンストンの各大学で主に理科系（数学、物理、化学、天文学）の学問を学んでいます。当時、そのような学問をつんだ日本人はまずいなかったはずで、間違いなく彼はそのころの超エリートだったといえます。

2人の縁談はとんとん拍子に進み、翌12年（1879）にはまとまりました。大隈家の養子にはいったのは、南部家の次男だったからでしょう。

そのころ大隈重信は、政府部内でも少しのけ者扱いされはじめていたころだったので、ことのほか一人娘の結婚を喜ぶとともに、婿養子のために働き口を用意する必要にかられたのでしょう、明治15年（1882）、東京専門学校を創立することになるのです。

南部家一族（前列右から2人目が英麿）

肥前藩の藩士だったころ致遠館という英学校の校長だった大隈は、若き日から教育振興には関心がありました。ですから学校を設立するのは自然の流れとしても、婿養子の英麿がアメリカで学んできた学問をどうにか有効に活かしたかったようです。つまり、慶応義塾とは一線を画し、理科系中心の学校にしようと目論んでいたらしいのです。

ところが、それは急激に方向転換を余儀なくされることになるのです。

創立したころの教授陣には高田早苗や坪内逍遥、天野為之、市島健吉らがいました。彼らは皆、欧渡会という組織のメンバーでした。彼らの師は小野梓で、小野は大隈の盟友でしたから、小野の意向を無視するわけにはいきませんでした。この欧渡会のリーダーは高田早苗でしたが、後には校長にもなった実力者で、彼らは国政への関心が非常に強かったのです。そういう連中が多く集まったものですから、学校運営に関する大隈の当初の方向は自然と変更され、政治家養成に強い学校としての色合いが濃くなっていったのです。つまり、婿養子である英麿の理科系の学問が隅に追いやられることになってしまったのです。

ただし、一つのポストだけは英麿に与えられました。それは東京専門学校校長（初代）というポストでした。英麿26歳のときのことです。

英麿の思いはどのようなものだったのでしょうか。おそらく、婿養子ということで校長にはついたものの、自分がアメリカで学んできた学問を少しも活かせないというジレンマは、覆い隠すことができなかったはずです。しかし、人のいい英麿は、それを微塵も態度にあらわすことはありませんでした。まったく自然に振る舞っていたので、おそらく誰の眼にも英麿校長がそんなことを腹にもっていたなどとは思いもよらなかったに違いありません。

離縁され盛岡に戻る

生来の好人物だった英麿は、それから間もなく、求められてある人の保証人になったのです。それが義父の大隈重信に知れわたり、厳重に注意されました。2度と保証人にならないことを約束して無罪放免されたのですが、明治30年代に入って再びやってしまったのです。

大隈はもちろんのこと旧藩の人たちの協議にもかけられ、離縁を申し渡されたのです。こうして明治35年（1902）、英麿は一人さびしく盛岡に戻ったのです。

そんな英麿でしたが、盛岡の人たちは温かく迎えました。さっそく私立作人館中学校長や盛岡高等農林学校（現岩手大学農学部）、盛岡中学校（現盛岡一高）、私立家政女学校などでの講師の職が与えられたのです。住居は文化橋のたもとで、ばあやとの二人暮らしでした。

熊子とは嫌いになって別れたのではなかったので、英麿はなにかにつけ、東京にいる彼女のことを思い出したものでした。

熊子だって、英麿を思い出さない日はありませんでした。恋しい英麿に対し、東京では熊子がこんな歌を詠んでいます。

「吾妹子《わぎもこ》も同じ月をや見るらんと　しばしながむる有明の月」

—別れたあなたのことを考えているうちに眠られなくなり、そっと外を見たら、もう朝方になっていて、残月がかすんで見えています。あなたも、遠い盛岡の地でこの同じ月を見てくれていることでしょう。私たちは離れ離れになってはいますが、まだ心では結ばれているのですから—

英麿は盛岡市先人記念館の学術分野のコーナーに顕彰されています。若き日にアメリカで学んだ天文学のノートなどはまったく残されてはいないようです。そのことについて、かつて早稲田大学から私に打診があったことを思い出します。おそらく顕彰されている先人たちの中でも資料の少ない部類に入るのではないかと思われます。

（２０１５年３月号）

あとがき

この「もりおか歴史散歩」シリーズも今回で4冊目の刊行となりました。

発行元の東北堂は明治33年（１９００）創業以来、１００年以上も盛岡市民に新聞を届けている老舗です。その東北堂が読者向けに折り込んでいるもりおか生活情報誌「アップル」も通し番号で見ると１５０号を超え、足かけ13年目に入った計算になります。今回の「もりおか歴史散歩」シリーズ第4弾は、そのうちの１１５号以降の一面に掲載された記事を加筆修正し編集したものです。

ところで今回の一冊はこれまでとは違い、藤井茂氏との共著です。

毎月アップルをご愛読いただいている方ならご承知のことですが、平成24年（２０１２）の4月号から平成27年（２０１５）の3月号まで36回の「歴史散歩」を、藤井氏と私とのリレー方式でつないでまいりました。私の担当が「みちくさ編」と「よもやま話編」というサブタイトルで、歴史をキーワードに街歩きを楽しんでいただく誌上ガイド。藤井氏の担当が「先人を支えた妻たち」と「縁の教育者たち」というサブタイトルで、盛岡ゆかりの先人をテーマ別に分けて光をあてた連載です。というわけで、この時点までの掲載記事のうち、私が担当した分を第一部「街歩き探訪編」、藤井氏担当分を第二部「続・縁の人物編」という編集になりました。

（一財）新渡戸基金の事務局長でもある藤井氏は、これまで「岩手人名辞典」「新渡戸稲造事典」など多くの先人関連書や評伝を世に出してきた先人研究の第一人者。道草しながら拾い集めた一介の散歩人の雑記が、藤井氏の文章の露払い役とは何とも恐れ多いことであります。幸いテーマも切り口も違うことですし、私の稚拙な文章が引き立て役になるのだと思えば多少気が楽になるというものです。この一冊が、多くの物語が埋もれ多くの先人を育んできた盛岡の魅力を再発見していただくきっかけになれば幸いです。

毎回、応援メッセージを寄せていただいたアップル読者の皆様、東北堂の川村社長をはじめ、今回、変則的な編集にご協力いただいた関係スタッフの皆様、そして取材や資料提供にご協力いただいた皆様方に心より感謝申し上げたいと思います。

文化地層研究会　真山重博

主な参考文献

街歩き探訪編

『高松第一町内会創立50周年記念「五十年の歩み」』　高松第一町内会編
『岩手大学ミュージアムガイドブック』　岩手大学ミュージアム
『東北開発夜話』　岡田益男著
『青山町50年の軌跡』　穂垂政夫著
『騎兵第三旅団の栄光と終末』　騎兵隊三旅団史編集委員会編
『岩手の戦争遺跡をあるく』　加藤昭雄著
『岩手の競馬100年展』　岩手県競馬組合編
『大光山聖寿萬年禅寺縁起』　編集委員会
『新庄ふるさと草紙』　新庄を語ろう会編
『観武原四十年のあゆみ』　観武原開拓農業協同組合編
『盛岡藩御狩り日記』　遠藤公男著
『勧農晨起』　盛岡農業高等学校創立130周年記念誌編集委員会編

続・縁の人物編

『あけびの花』　高橋康文　杜陵印刷　昭和38年11月3日
『不屈の人　冨田小一郎』　冨田雄二　杜陵印刷　昭和48年5月17日
『絵のある詩集』　深沢紅子　熊谷印刷出版部　昭和49年3月23日
『秘録　板垣征四郎』　板垣征四郎刊行会編　芙蓉書房　昭和52年7月20日
『原敬』　前田蓮山　時事通信社　昭和60年12月1日
『まぶたの人』　岩手日報社　昭和62年7月15日
『金田一京助』　藤本英夫　新潮選書　平成3年8月10日
『山屋他人　ある海軍大将の生涯』　藤井茂　盛岡タイムス社　平成6年4月20日
『米内光政』　阿川弘之　新潮文庫　平成7年6月10日
『三田商店百年のあゆみ』　創業百周年記念誌編集委員会　三田商店　平成8年8月
『国際人　新渡戸稲造』　花井等　広池出版　平成10年6月5日
『生きて、耀いて』　熊谷佳枝　杜陵高速印刷　平成10年10月10日
『南部家八百年』　南部利昭　IBC岩手放送　平成11年4月15日
『北の大地に魅せられた男』　藤井茂　岩手日日新聞社　平成18年10月15日

【著者プロフィール】

真山　重博
昭和23年盛岡市生まれ、盛岡市在住
文化地層研究会会員
東北堂発行の生活情報紙「Apple」に「もりおか歴史散歩」シリーズ連載
NHK文化センター講師
著書
『もりおか歴史散歩・旧町名編』（東北堂刊）
『もりおか歴史散歩・縁の人物編』（東北堂刊）

藤井　　茂
昭和24年6月秋田県大館市生まれ、盛岡市在住
盛岡タイムス社勤務を経て2002年暮れから財団法人新渡戸基金に勤務
現在、事務局長
著書
『菊池寿人の生涯』、『いわて人物ごよみ』、『三田義正』、『山屋他人』、『野村胡堂・あらえびす小伝』、『副読本　盛岡の先人』、『北の大地に魅せられた男』、『岩手人名辞典』、『新渡戸稲造75話』（正・続）、『新渡戸稲造事典』など

もりおか歴史散歩　街歩き探訪編
続・縁の人物編

発　行　2015年5月15日
編集人　「アップル」編集部
著　者　真山重博　　藤井　茂
発行所　株式会社 東 北 堂
〒020-0878 盛岡市肴町3番21号
☎019-624-2413
印刷所　有限会社ツーワンライフ
〒028-3621 紫波郡矢巾町広宮沢10-513-19
☎019-681-8121　FAX.0190-681-8120

万一、乱丁・落丁本がございましたら、
送料小社負担でお取り替えいたします。